海上絲綢之路基本文獻叢書

馬哥孛羅游記導言（下）

張星烺 譯

文物出版社

圖書在版編目（CIP）數據

馬哥孛羅游記導言．下 / 張星烺譯．-- 北京 : 文物出版社，2022.7
（海上絲綢之路基本文獻叢書）
ISBN 978-7-5010-7673-4

Ⅰ．①馬… Ⅱ．①張… Ⅲ．①游記－世界－中世紀 Ⅳ．①K919.2

中國版本圖書館 CIP 數據核字（2022）第 086673 號

海上絲綢之路基本文獻叢書
馬哥孛羅游記導言（下）

譯　　者：張星烺
策　　劃：盛世博閱（北京）文化有限責任公司

封面設計：鞏榮彪
責任編輯：劉永海
責任印製：張道奇

出版發行：文物出版社
社　　址：北京市東城區東直門內北小街 2 號樓
郵　　編：100007
網　　址：http://www.wenwu.com
經　　銷：新華書店
印　　刷：北京旺都印務有限公司
開　　本：787mm×1092mm　1/16
印　　張：14.25
版　　次：2022 年 7 月第 1 版
印　　次：2022 年 7 月第 1 次印刷
書　　號：ISBN 978-7-5010-7673-4
定　　價：98.00 圓

總緒

海上絲綢之路，一般意義上是指從秦漢至鴉片戰争前中國與世界進行政治、經濟、文化交流的海上通道，主要分爲經由黄海、東海的海路最終抵達日本列島及朝鮮半島的東海航綫和以徐聞、合浦、廣州、泉州爲起點通往東南亞及印度洋地區的南海航綫。

在中國古代文獻中，最早、最詳細記載『海上絲綢之路』航綫的是東漢班固的《漢書·地理志》，詳細記載了西漢黄門譯長率領應募者入海『齎黄金雜繒而往』之事，書中所出現的地理記載與東南亞地區相關，并與實際的地理狀况基本相符。

東漢後，中國進入魏晉南北朝長達三百多年的分裂割據時期，絲路上的交往也走向低谷。這一時期的絲路交往，以法顯的西行最爲著名。法顯作爲從陸路西行到印度，再由海路回國的第一人，根據親身經歷所寫的《佛國記》（又稱《法顯傳》）一書，詳細介紹了古代中亞和印度、巴基斯坦、斯里蘭卡等地的歷史及風土人情，是瞭解和研究海陸絲綢之路的珍貴歷史資料。

隨着隋唐的統一，中國經濟重心的南移，中國與西方交通以海路爲主，海上絲綢之路進入大發展時期。廣州成爲唐朝最大的海外貿易中心，朝廷設立市舶司，專門管理海外貿易。唐代著名的地理學家賈耽（七三〇～八〇五年）的《皇華四達記》記載了從廣州通往阿拉伯地區的海上交通『廣州通夷道』，詳述了從廣州港出發，經越南、馬來半島、蘇門答臘半島至印度、錫蘭，直至波斯灣沿岸各國的航綫及沿途地區的方位、名稱、島礁、山川、民俗等。譯經大師義净西行求法，將沿途見聞寫成著作《大唐西域求法高僧傳》，詳細記載了海上絲綢之路的發展變化，是我們瞭解絲綢之路不可多得的第一手資料。

宋代的造船技術和航海技術顯著提高，指南針廣泛應用於航海，中國商船的遠航能力大大提升。北宋徐兢的《宣和奉使高麗圖經》詳細記述了船舶製造、海洋地理和往來航綫，是研究宋代海外交通史、中朝友好關係史、中朝經濟文化交流史的重要文獻。南宋趙汝適《諸蕃志》記載，南海有五十三個國家和地區與南宋通商貿易，形成了通往日本、高麗、東南亞、印度、波斯、阿拉伯等地的『海上絲綢之路』。宋代爲了加强商貿往來，於北宋神宗元豐三年（一〇八〇年）頒佈了中國歷史上第一部海洋貿易管理條例《廣州市舶條法》，并稱爲宋代貿易管理的制度範本。

元朝在經濟上採用重商主義政策，鼓勵海外貿易，中國與歐洲的聯繫與交往非常頻繁，其中馬可·波羅、伊本·白圖泰等歐洲旅行家來到中國，留下了大量的旅行記，記録元代海上絲綢之路的盛况。元代的汪大淵兩次出海，撰寫出《島夷志略》一書，記録了二百多個國名和地名，其中不少首次見於中國著録，涉及的地理範圍東至菲律賓群島，西至非洲。這些都反映了元朝時中西經濟文化交流的豐富内容。

明、清政府先後多次實施海禁政策，海上絲綢之路的貿易逐漸衰落。但是從明永樂三年至明宣德八年的二十八年裏，鄭和率船隊七下西洋，先後到達的國家多達三十多個，在進行經貿交流的同時，也極大地促進了中外文化的交流，這些都詳見於《西洋蕃國志》《星槎勝覽》《瀛涯勝覽》等典籍中。

關於海上絲綢之路的文獻記述，除上述官員、學者、求法或傳教高僧以及旅行者的著作外，自《漢書》之後，歷代正史大都列有《地理志》《四夷傳》《西域傳》《外國傳》《蠻夷傳》《屬國傳》等篇章，加上唐宋以來衆多的典制類文獻、地方史志文獻，集中反映了歷代王朝對於周邊部族、政權以及西方世界的認識，都是關於海上絲綢之路的原始史料性文獻。

海上絲綢之路概念的形成，經歷了一個演變的過程。十九世紀七十年代德國地理學家費迪南・馮・李希霍芬（Ferdinad Von Richthofen，一八三三～一九〇五），在其《中國：親身旅行和研究成果》第三卷中首次把輸出中國絲綢的東西陸路稱爲『絲綢之路』。有『歐洲漢學泰斗』之稱的法國漢學家沙畹（Édouard Chavannes，一八六五～一九一八），在其一九〇三年著作的《西突厥史料》中提出『絲路有海陸兩道』，蘊涵了海上絲綢之路最初提法。迄今發現最早正式提出『海上絲綢之路』一詞的是日本考古學家三杉隆敏，他在一九六七年出版《中國瓷器之旅：探索海上的絲綢之路》中首次使用『海上絲綢之路』一詞；一九七九年三杉隆敏又出版了《海上絲綢之路》一書，其立意和出發點局限在東西方之間的陶瓷貿易與交流史。

二十世紀八十年代以來，在海外交通史研究中，『海上絲綢之路』一詞逐漸成爲中外學術界廣泛接受的概念。根據姚楠等人研究，饒宗頤先生是華人中最早提出『海上絲綢之路』的人，他的《海道之絲路與昆侖舶》正式提出『海上絲路』的稱謂。選堂先生評價海上絲綢之路是外交、貿易和文化交流作用的通道。此後，大陸學者馮蔚然在一九七八年編寫的《航運史話》中，使用『海上絲綢之路』一詞，這是迄今學界查到的中國大陸最早使用『海上絲綢之路』的人，更多地限於航海活動領域的考察。一九八〇年北京大學陳炎教授提出『海上絲綢之路』研究，并於一九八一年發表《略論海上絲綢之路》一文。他對海上絲綢之路的理解超越以往，且帶有濃厚的愛國主義思想。陳炎教授之後，從事研究海上絲綢之路的學者越來越多，尤其沿海港口城市向聯合國申請海上絲綢之路非物質文化遺産活動，將海上絲綢之路研究推向新高潮。另外，國家把建設『絲綢之路經濟帶』和『二十一世紀海上絲綢之路』作爲對外發展方針，將這一學術課題提升爲國家願景的高度，使海上絲綢之路形成超越學術進入政經層面的熱潮。

與海上絲綢之路學的萬千氣象相對應，海上絲綢之路文獻的整理工作仍顯滯後，遠遠跟不上突飛猛進的研究進展。二〇一八年厦門大學、中山大學等單位聯合發起『海上絲綢之路文獻集成』專案，尚在醖釀當中。我們不揣淺陋，深入調查，廣泛搜集，將有關海上絲綢之路的原始史料文獻和研究文獻，分爲風俗物産、雜史筆記、海防海事、典章檔案等六個類别，彙編成《海上絲綢之路歷史文化叢書》，於二〇二〇年影印出版。此輯面市以來，深受各大圖書館及相關研究者好評。爲讓更多的讀者親近古籍文獻，我們遴選出前編中的菁華，彙編成《海上絲綢之路基本文獻叢書》，以單行本影印出版，以饗讀者，以期爲讀者展現出一幅幅中外經濟文化交流的精美畫卷，爲海上絲綢之路的研究提供歷史借鑒，爲『二十一世紀海上絲綢之路』倡議構想的實踐做好歷史的詮釋和注脚，從而達到『以史爲鑒』『古爲今用』的目的。

凡例

一、本編注重史料的珍稀性，從《海上絲綢之路歷史文化叢書》中遴選出菁華，擬出版百冊單行本。

二、本編所選之文獻，其編纂的年代下限至一九四九年。

三、本編排序無嚴格定式，所選之文獻篇幅以二百餘頁爲宜，以便讀者閱讀使用。

四、本編所選文獻，每種前皆注明版本、著者。

五、本編文獻皆爲影印，原始文本掃描之後經過修復處理，仍存原式，少數文獻由於原始底本欠佳，略有模糊之處，不影響閱讀使用。

六、本編原始底本非一時一地之出版物，原書裝幀、開本多有不同，本書彙編之後，統一爲十六開右翻本。

目録

馬哥孛羅游記導言（下）

馬哥孛羅游記導言（下）

第七章至第十四章

張星烺 譯

民國十三年中國地學會鉛印本

第七章　馬哥孛羅獄中同契友人筆錄遊記者皮撒市羅斯梯謝奴，之傳記。

第三十八節，　羅斯梯謝奴或爲梅羅利亞戰役俘虜。

羅斯梯謝奴爲筆錄馬哥孛羅遊記之人，其功亦不淺。讀遊記者，不得不感謝羅君，而於羅君之歷史，亦不得不略知一二也。

皮撒市與基奴亞市之外交，久不輯睦，盡人皆知。故於一千二百九十八年時，得見有皮撒囚虜於基奴亞獄中，亦無所異也。十四年前，捕獲多數俘虜，置之獄中。死於哀愀困苦之外，至是尙有苟延殘喘者，多人也。大戰時日，實爲一千二百八十四年夏季。斯戰也，乃皮撒市殞命之打擊。自是以後，數百年不能恢復原狀也。該年七月時，基奴亞海軍，適皆不在鄰近海內。皮撒人乘之，直入基奴亞港內，以銀矢射入城中。城內人多中流矢死者，致白石皆爲之赤。謂足以洩宿恨，破敵人之驕氣也。不知所得報酬，適相反也。基奴亞市急召回各處戰艦，共八十八艘，以烏貝拖（Uberto）爲統帥，伐皮撒烏貝拖乃浪巴之長兄，姓多利雅門第顯赫，時人以之爲基奴亞之西標氏（Scipi-os）也。（譯者按西標古代羅馬大將，與漢尼巴戰門多年，終滅迦太基救羅馬之危亡者也。）浪巴是時，與其六子皆從軍。多利雅一族中子弟從軍者，共二百五十人，多乘一艦名聖馬修者，蓋聖馬修爲其族所信仰之先聖也（六十二）。

（註六十二）多利雅氏子弟從軍者之名字册今仍存於基奴亞多利雅氏藏書，皆爲雅各波先生所刊印。一覽其名字之歧異，乃知當時施洗禮之人不必如後代之謹守教堂規則也。其中如阿桑（Assan）愛東（Aiton）突厥（Turco）蘇丹（Soldan）等名，皆與東方人通商以後採取東方人之名也。又多利雅族中有數代皆名阿老（Alaone）者，鄙意此名必採取往時阿拉伯之善戰某加利發名阿老者。梅羅利亞之役，多利雅族中有名阿老者，偕其子，皆執役麾下。此阿老之名，必久自童時，於波斯汗旭烈兀之名，未入基奴亞之先，即已用之也。蓋是時歐人通稱旭烈兀爲阿老汗也。

耶路撒冷王國所殘留之文牘中，其基督教信徒之名字，更爲不莊，甚至有取回教之名，如摩哈美德等，以爲名者。

皮撒人之軍力，約少於基奴亞人四分之一。然三軍勇氣甚盛，慨然而出，遇敵人於皮撒港，(Porto Pisano) 雷格亨角 (Leghorn) 之附近。今其地仍有燈塔一座，位於拱形地床之上，卽古代梅羅利亞戰場也。其日適爲八月六日，先聖錫格司突斯 (St. Sixtus) 之祭日。往時皮撒人於此日，迭次勝敵，故亦爲該市歷史上之大紀念日也。今則與先次相反矣。出征軍大敗，戰艦有四十艘被擄或沉沒，士卒則有九千餘人爲基奴亞所俘虜焉。全市精銳壯丁幾盡，故當時人有基奴亞實亡皮撒之語。此敗所受損失，可以料想矣。皮撒市之高貴婦女結大隊步行至基奴亞，覓其夫或省其親戚。摩拉拖利之史記嘗記其事，謂皮撒婦女，詢問基奴亞守獄者情況如何。獄官唯對之曰『昨日獄內囚人死三十，今日死四十，其屍吾等則皆投之大海，以餉魚矣。以後情況，亦如是而已』。皮撒婦女，聞之惟椎胸泣血而已。

囚人如此之多，彼等自亦運動和議，俾得釋放，復得自由。故多月後，(六十三)兩市之和議成，時爲一千二百八十八年 (元世祖至元二十五年) 四月十五日也。然當時皮撒市之執政者，烏哥里奴伯爵 (Count Ugolino) 於中挑撥，因之和議復破裂，戰端重啟，囚虜無釋放之希望矣。一千二百九十八年（元成宗大德二年）十月，六千至七千餘之威尼斯俘虜，復加入基奴亞獄中目覩前梅羅利亞戰役所遺皮撒市之俘虜，悽愴情況能不為之心寒股慄，而自悲前程之不可逆料乎？

皮撒囚虜議和時使用之印圖

（註六十三）皮撒市囚虜當時之紀念印章，前世紀時，尚存於路架（Lucca）博物館，今或仍存在，然無攷也。此乃囚虜全體之印章，用以與基奴亞使節議和者。印中彫像，為皮撒囚虜二人，跪求聖母之狀，蓋聖母乃皮撒市府廳所供奉之神也。

筆錄遊記之羅斯梯謝奴，或即為此時所剩餘之皮撒囚虜也。賴麥錫之馬哥孛羅傳中，謂基奴亞某貴人，於此時與馬哥孛羅交遊，待之甚善，助之著書等語。余意某貴人無他，即皮撒市之囚虜羅斯梯謝奴之誤也。羅君為當時筆述遊記之人，書之得傳，羅君功勳不淺。其與本書之關係實重要,而賴麥錫之著馬哥孛羅傳,乃無一言以及之,其故誠不可解矣。今世甚奴亞之懷抱愛惜桑梓之念者,有爲其本鄉辨護,謂當時實有貴人交歡孛羅氏(六十四)而助之著書者。然理想無稽之談,難於爲憑也。

(註六十四)斯波掩奴(Spotorno)曾正謂波家修(Boccacio)所言之甚奴亞哲學家安大羅奈格羅(Andalo del Negro)即與馬哥孛羅君交遊之貴人也。

第三十九節　羅斯梯謝奴之歷史攷證

然則羅斯梯謝奴究爲何人乎?吾人所知羅斯梯謝奴歷史甚少,然遊記本書序言寥寥數十語以外,尚有一二事蹟,足以攷證者。

斯葛脫先生(Sir Walter Scott)於其所著小說論文(Essay on Romance),論古代詩歌體之小說,蛻化爲近代散文體小說也,其中嘗有數語,足以錄出而資參閱者:

『古代詩歌體之小說,雖爲寓言,然求尚代歷史之斷章遺蹟,舍此則別無他書矣。近代之著作家,托名皮撒市羅斯梯謝奴,博倫市(Borron)羅伯脫(Robert)等所著之書，多借往代漂流無定樂師之事蹟，以揮發自己所抱負。文則任其意之所為，事蹟則隨心而增減。書中英雄之品格，則全出之假著僞作。其與古代之詩歌體小說本樣相去太遠，欲於其中求眞實事蹟難矣。』

由此觀之，斯葛脫先生視皮撒市羅斯梯謝奴直與先生自己所假托之德利亞斯脫斯（Dryasdusts）及克萊胥波但姆（Cleishbothams）(六十五)。相類矣。但先生於此實謬甚矣。

（註六十五）斯葛脫先生作此節之文，以羅斯梯謝奴為虛構幻托之人，似乎据李德森（Ritson）之說者。見鄧祿保（Dunlop）之小說史。

巴黎大圖書館及他處文庫，存有當年編著之環棹小說。（Stories of the Round Table）書為抄寫節錄本，裝置甚粗率，蓋取材於是時之散文小說，如德利斯但先生傳，（Sir Tristan）蘭賽落（Lancelot）拍拉梅地斯，（Palamedes）基浪列苦島（Giron le Courtois）等篇者。諸篇皆英王顯理第三世廷中英法之文人所編作，多隱匿姓名，而好托用虛名，如格斯雷白倫，(Gasses le Blunt)魯賽杜格斯，(Luces du Gast)羅伯脫博倫(Robert de Borron)海里斯博倫(Helis de Borron)等名是也。嘗詳攷之，諸篇之節錄，或重編，多出自皮撒市羅斯梯謝奴之手也。有數篇皆爲羅斯梯謝奴之著作。十五世紀末葉，十六世紀初年，刊行於巴黎市。各刋本中之序文等，有爲原著作人之遺文，（如羅伯脫海里斯等）有爲重編者羅斯梯謝奴之作。以此之故，紛亂乃起，眞僞難辨矣。

某篇之序文，後將引用之，其文必出諸羅斯梯謝奴之手，可無疑也，一千二百七十年，英國親王愛德華，爲欲恢復聖墓，渡海往東方。是年冬，駐蹕西錫利島。(Sicilly)一千二百七十一年五月，抵拍萊斯坦聖地。(Palestine)一千二百七十二年八月，王離聖地，復道經西錫利島。一千二百七十三年正月，在島中聞其父賓天，及已依法繼位之事。保林巴利謂羅斯梯謝奴是時必仕於西錫利島安周朝之查理(Charles of Anjou)王廷。愛德華往東時，將當年著名之環棹小說一部，暫存留於查理王處，羅斯梯謝奴或爲查理王所命，或僅得王之允許，將書急讀一過，節錄之或重編之。愛德華歸島取書時，而羅已將書中一切節錄矣。蓋是時環棹小說一書，已諠傳人耳，而抄本甚罕，尤以海里斯之著爲最珍奇也。讀其序文，吾人乃得知羅斯梯謝奴之輯集小說，實翻譯或節取材料於英國愛德華之書也。

保林巴利之說，亦僅推測之言而已。蓋羅斯梯謝奴之序文，無一言及於其本人，與西錫利王有關係者也。雖有上方人名之紛亂，然据鄧錄保所引用羅氏之某序文，（六十六）羅君或可與羅伯脫海里斯二人爲同時之軍伍契友，皆隨愛德華出征叙利亞也。

（註六十六）鄧祿保所引用之序言，乃梅柳杜斯篇（Meliadus）古刊之序文。其文如下：

"Aussi Luces du Gau (Gas) translata en langue Françoise une partie de l'Hystoire de monseigneur Tristan, et moins assez qúil ne deust. Moult commenca bien son livre et si ny mist tout les faicts de Tristan, ains la greigneur partie. Après sén entremist Messire Gasse le Blond, qui estoit parent au Roy Henry, et divisa l'Hystoire de Lancelot du Lac, et d'autre chose ne parla il mye grandement en son livre. Messire Robert de Borron s' én entrewist et Heyle de Borron, par la priere du dit Robert de Borron, et pource que compaignous feusmes d'armes longuement, je commen cay mon livre," etc. (Liebreht's D unlop, p. 80)

此節所言若確，則前此著作家如米歇耳 Fr. Michel 及法國文學史，皆謂編輯環棹小說諸君，如博倫氏二人，爲題里第二世時人，則大誤矣。鄙人關於此事，無從考查，唯依保林巴利君之說耳。巴利君固謂諸人爲題理第三世時人也。又鄙人見法國文學史，不獨將博隆氏二人作爲題理二世時人，乃並將羅斯梯謝奴君，亦收入其列，尤大謬矣。後者既誤，故前說亦或有誤也。

第四十節，羅斯梯謝奴所編集小說之品評。

保林巴利嘗撮錄羅君著作，而加以評點。觀其作則羅君者，大約爲勤劣簡約，無自己之條規與決斷力之人也。『統觀全集，而知其編著草草不暇，未加修飾。各冒險小說之演述，亦多無條貫，故如德利斯坦先生一篇，長篇累牘，言之不絕，繼乃言及其父梅柳杜斯之冒險談。前後倒置，亦可見一斑矣。』其所以不依歷史次第而言之故，讀羅君於基浪列苦島篇之跋文，可以知矣。其文曰，“cy fine le Maistre Rusticien de Pieson conte en louant et regraciant le Pére le Eilz et le Saint Esperit, et ung mesmc Dieu, Filz de la Benoiste Vierge Marie, de ce qu'il má doné grace, sens, force, et mémoire, temps et lieu, de me mener à fin de si haulte et si noble matière come ceste-cy dont j'ay traicté les faiz et proesses recitez et recordez à mon livre. Et se aucun me demandoit pour quoy j'ay parlé de Tristan avant que de son père le Roy Meliadus, le respons que ma matiére n'estoist pas congneue. Car je ne pin's pas scavoir tout, ne mettre toutes mes paroles par ordre. Et ainsi fine mon conte. Amén.''

於某篇之中，有某節，記有問沙理曼大帝曰，『梅柳杜斯王及其子德利斯坦，孰爲優劣乎?』帝曰『梅柳杜斯王優矣。何則,德利斯坦之作爲,皆情愛所驅使,若無情愛爲之驅使,則燦爛功勳皆烏有也。其父梅柳杜斯王,則不然。其所作爲,無情愛爲之驅使,自己右臂强健力爲之耳。情愛固不足以擾其心。天性好善,故動作行爲亦善也。』保林巴利於此作記曰『由是以觀,吾等去環棹閒談之本旨遠矣。皮撒羅斯梯謝奴之非法國人,亦明矣。』

又阿臾(Arthur)基隆,(Gyron)及梅柳杜斯等篇同卷中亦有某節,其謹愼如何,讀者亦可推想也。羅氏曰,『他書述基乃舞拉女王(Queen Ginevra)及藍賽洛(Ladcelot)等事,與本書不相同,可無疑也。其中多節,著者對於諸人之榮譽,固未有一言及之也。』保林巴利曰,『惜哉!利密尼(Rimini)貧人佛蘭賽斯加(Francesca)手中所藏蘭賽洛事蹟一卷,非吾賢友羅斯梯謝奴君所訂正者也。』

第四十一節,編纂小說之羅斯梯謝奴與馬哥孛羅同獄筆述遊記者,實爲一人之考證。

潛心學問者流，對於編纂小說之羅君，與甚奴亞筆述馬哥孛羅遊記之羅君，是否一人，至是仍有懷疑莫決之態，亦固其所也。然吾願得復申吾說，俾使人咸怛白也。羅君之名，在最老最實法文遊記原本，其名作 Rustacians de Pise，他本有作 Rusta Pisan 者，有作 Rasta Pysan 者，有作 Rustichelus Civis Pisanus 者，有作 Rustico 者，有作 Restazio da Pisa 者，有作 Stazio da Pisa 者。

鮑梯氏謂羅斯梯謝奴所纂集之小說，其法文文筆之粗陋，與吾上方所言最老最實法文原本之文筆，實相類。是亦可以藉知二者，實出自一人之手也。最初法文原本，乃遊記最初次之寫本，馬哥孛羅口授於羅君者。其時情節如何，於書中可知大概也。若此書之文果粗陋離奇，如鮑梯氏所言，則二人之為一人，可無庸辨也。鄙人在巴黎大圖書館，嘗偶閱此類之抄本二卷。上方已錄其一節，下方將復錄他節，其中之文，殊與鮑梯氏所言者，大相反也。保林巴利為研究此事之專家，亦不以鮑氏之說為然，而謂羅斯梯謝奴在老法文之著作家中，頗享盛名，深知法文小說體裁秘訣，胸中既懷疑竇，則二書中所用之法文，亦誠使人難於探究其是否一人也。保林巴利則謂文體不必詳察，宜獨注意於馬哥孛羅遊記本書序言，與羅君編纂小說某篇之序言，公同格式也。

馬哥孛羅遊記本書序言可參觀以後譯文。今特揭出數語如下，以與巴黎圖書館所藏第六千九百六十九號抄寫之梅柳杜斯，德利斯坦，及藍賽洛諸篇小說之序文，以備比照焉。

馬哥孛羅遊記本書序言發端語曰，『尊貴之帝王，親王，公，侯，伯，爵，勇士，議員，及各色人民，欲知世界人種，與各國情形者，必須讀此書。』

梅柳杜斯等篇小說之序文發端語曰，

"Seigneurs Empereurs et Princes, Ducs et Contes et Barons et Chevaliers et Vavasseurs et Bourgeois, et tous les preudommes de cestui monde qui avez talent de vous deliter en rommanssi prenez cestui (livre) et le faits lire de chief en chief, si orrez toutes les grans aventure qui advindrent entre le: Chevaliers errans du temps au Roy Uter pendragon, jusques à le temps au Roy Artus son fils, et des compaignous de la Table Ronde Et sachiez tout vraiment que cist livres fust translatez du livre monseigneur Edouart le Roy d'Engleterre en cellui temps qu'il passa oultre la mer au Service nostre seigneur Damedieu pour conquester le sant sepulcre, et Maistre Rusticien de Pise, lequel est ymaginez yci dessus compila ce rommant, car il en translata toutes les merveilleuses nouvelles et aventures qúil trouva en celle livre et traita tout certainement de toutes les aventures du monde, et si sachiez qu'il traiera plus Pe monseigneur Lancelot du Lac, et mousr Tristan le filz au Roy meliadus de Leonnoie que d'autres, porcequílz furent sans faille les meilleurs chevalierss qui à ce temps furent en terre; et li Maistres en d█ra de ces deux pluseurs choses et pluseur nouvelles que l'en treuvera escript en tous les autres livres; et porce que le maistres les trouva escript au Livre d'Engleterre"

保林巴利曰，『詳讀二篇之序文，其中有特別相同之點，一目了然。蓋十三世紀以及

馬哥孛羅游記導言 二〇九

十四世紀之翻譯家，編輯家及著作家，序文格式，無一有類於此者也』

即此一端，足以證明一千二百七十年扈從愛德華親王遠征之小說編纂家，與一千二百九十八年基奴亞大獄中筆述馬哥孛羅遊記者，實同爲一人也。

第四十二節，　羅斯梯謝奴歷史再記。

鄧祿保小說史（History of Fiction）某節引一千五百二十八年，巴黎市刊行梅柳杜斯小說之序文，謂英王顯理第三世，頗愛好皮撒羅斯梯謝奴所著之小說，因（六十七）賞以華邸二處云。鄙人嘗攷保林巴利之大作，謂此必有淆誤。受賞者，實博倫海里斯。葢海里斯者，乃著作之人，而羅斯梯謝奴僅纂集者而已。於羅君短約之傳記中，此事必須刪除也。

（註六十七）狄斯顆里（D'Israeli）所著文學快談一書，亦有記羅斯梯謝奴受賞事。

羅君大名之拼法，上節已言有多種矣。大約羅斯梯謝奴（Rusticiano或Rustician）音，爲眞正意大利拼法，表明環棹小說上之羅斯梯相與馬哥孛羅遊記法文老本上

基奴亞市聖瑪竇教堂攝影

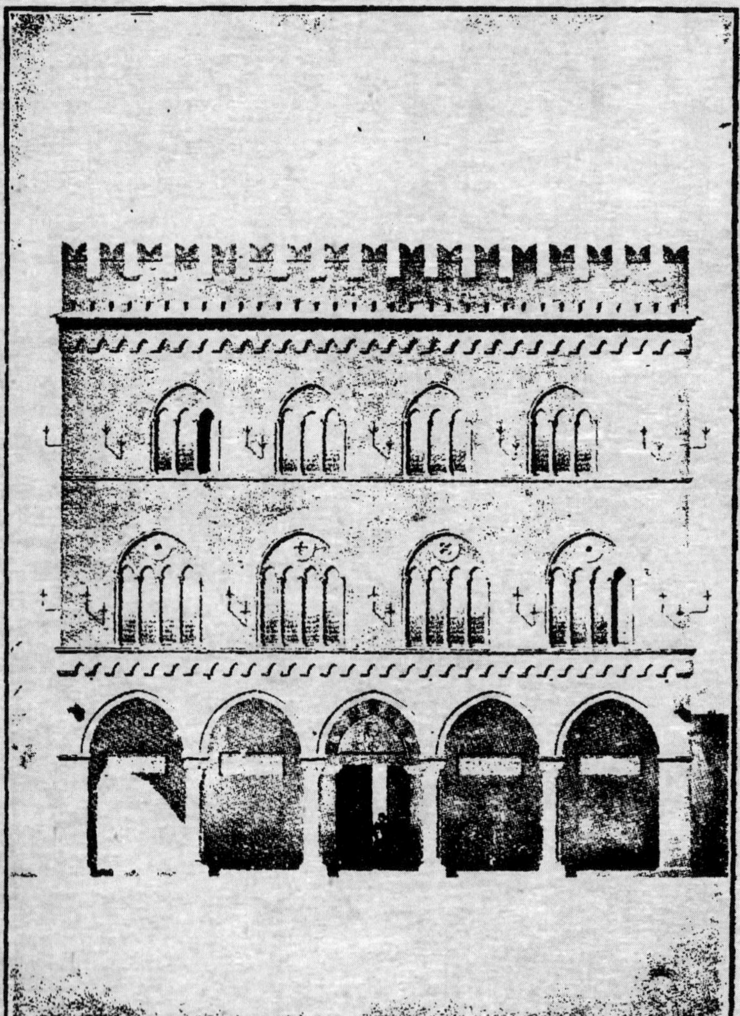

基奴亞市聖佐治宮攝影

之羅斯塔相（Rustacians）相同也。然其眞名，或爲羅斯梯謝洛（Rustichello）蓋法國地理學會刊印之拉丁文譚本作羅斯梯謝路司（Rustichelus）也。意大利文滑音字母，如l. m. n. r. 等互相更調，（六十八）至爲常事。羅斯梯謝洛（Rustichello）名依法文式變化，或易致淆爲羅斯梯相（Rusticien）也。余嘗得覩中世紀時皮撒市官吏名册矣。册中有數人名羅斯梯謝洛或羅斯梯謝利（Rustichelli）者，然無人名羅斯梯謝奴，（Rusticiano）或羅斯梯嘉奴（Rustigiano）者。

（註六十八）意大利之滑音字母變換甚多，一覽下方即知矣。Geronimo=Girolamo, Garofalo=Garofano, Cistofro=Cristovaro, Gonfalone=Gonfanone等。

威尼斯與基奴亞議和後，不久皮撒亦與基奴亞議和。一千二百九十九年（元成宗大德三年）七月三十一日，兩市二十五年不動兵之協議成。威尼斯之條款頗爲優待，而皮撒之條欵於皮撒則頗有害而傷榮譽也。條欵中皆有釋放俘虜之文。梅羅利亞戰役之俘虜，多已死亡，僅餘什一之數，至是亦得重見天日，復返自由權矣。羅斯梯謝奴亦必於是時釋放可無疑也。然自是以後，羅君之歷史，則無從而攷矣。

第八章　基奴亞出獄後馬哥孛羅之歷史。

第四十三節，　馬哥孛羅之父，卒於一千三百年之前，其弟馬飛之遺命文。

馬哥孛羅自基奴亞出獄以後，以至於死，其間爲時，約有二十五年，而吾人所知關於其傳記之事實則甚鮮尠，唯有一二斷章不續之篇耳。

於前節吾已言馬哥孛羅約於一千二百九十九年（元成宗大德三年）八月抵威尼斯故里。至家時，其父尚否存在，則無由攷，然吾人於其至家後一年，一千三百年八月三十一日時，其父尼哥羅已死亡，則可斷然也。

尼哥羅之死，吾人於馬哥之弟少馬飛遺命文中知悉之。該遺命文成於一千三百年八月也。此遺命之要目，節錄如左：（原在註中今移入正文）

一、此文成於少馬飛將往克里底嶋（Crete）時。

二、此文乃少馬飛親筆繕寫，自加封鎖，寄呈聖肥斯教堂僧人及公證人彼得斐加奴,(Pietro Pagano)請其正式作成此事,以備萬一遺命人,死亡時,則料理後事,有所遵守也。

三、指定其叔馬飛孛羅,兄馬哥孛羅,岳父尼哥羅色克萊拖,(Nicolo Secreto)從弟肥立司孛羅,(Felix Polo)爲遺命之執行人。

四、自格拉多(Grado)地方至以銀角(Capo d'argine)之各教堂,各受幣二十索爾底(Soldi)里亞陀(Rialto)地方之各僧正會,共受幣一百五十里耳。唯各處之僧,每年須爲其父母及本身之魂魄祈禱一次。

五、給其女菲得里莎(Fiordelisa)二千里耳,作出閣費,此錢須在威尼斯作穩妥放債之用。所進利息,悉歸其女。

又彼所購公債金一千里耳之利息,亦歸其女菲得里莎收用,至女嫁後爲止。以後若遺命人能生男,則此款及其利息,悉歸其子。若終不得子,則此欵及利息,皆歸其兄馬哥孛羅。

六、給其妻迦大隣（Catharine）四百里耳，又現在妻所有衣裝亦皆給之。
又給其從姊馬羅加（Maroca）一百里耳。
七、給其私生女巴斯華（Pasqua）四百里耳，作出閣費。若願爲尼，則給彼所居之寺二百里耳，餘二百里耳爲之購買穩妥產業。巴斯華死後，若遺命人能生子，則此產業須歸其子。若終無子，則須將此產變賣，所得之資，作爲其父母及本身魂魄祈禱之費。
八、給其異母昆弟，父尼哥羅所私生者，斯德芬奴及桑尼奴二人，共五百里耳。若二人中，有一人死，則全數悉歸存在者所有。若二人皆於未婚前卽死亡，則此欵須歸遺命人之子。若終不得子，此欵卽歸其兄馬哥孛羅，或兄之子。
九、給母舅佐登脫萊維撒奴（Giordano Trevisano）二百里耳，馬哥德通巴（Marco de Tnnba）一百里耳，肥立斯孛羅之妻菲得里莎一百呈耳，已死彼得脫萊維撒奴（Pietro Trevisano）之女馬羅加，現居奈格羅彭得（Negropont）者，一百里耳，彼得賴洋（Pietro Lion）之妻安內斯（Agnes）一百里耳，又前彼得脫萊維撒奴之子佛蘭西斯（Francis）現居奈格羅彭得者，給以一百里耳。

十、須購買公債每年利息得達二十大里耳之數，付聖肥立斯教堂大僧彼得斐加奴（Pietro Pagano）爲其父及本身魂魄祈禱之費。斐加奴死，此項進款歸該堂書記斐君之從弟李那多（Lionardo）收領。李君卒後，永歸聖約翰教堂僧正收用，唯諸人皆須爲死者魂魄祈福也。

十一、若遺命人之妻，得產一子或數子，則執行人不得分散其全產。若再生一女，則該女所受者，與長女菲得里莎相同。

十二、若遺命人無子，則彼前所受自於父之遺產，悉交於兄馬哥孛羅，此外尚有二千里耳，亦交給與兄。從弟尼哥羅受五百里耳，叔老馬飛受五百里耳。

十三、若長女菲德里莎於未嫁前卽死，則彼所受之二千里耳及利息皆歸其子。若終不得子，則歸於兄馬哥及其子。唯兄馬哥須分給從弟尼哥羅或其子五百里耳。

十四、若妻得產一子或數子，而皆夭年，則未分散之財產，皆歸於兄馬哥及其子，唯兄須分給從弟尼哥羅五百里耳。

十五、若妻再產一女，而於未嫁前即死，則彼所受之二千里耳及利息，皆歸於兄馬哥，唯兄亦須分給從弟尼哥羅五百里耳。

十六、遺命人自信其財產現金及貨物，值過一萬里耳之數。若死後所估，不逾此數，則各人所分給之數，執行人當依此例法而減之，唯對於自己之子女所囑給之數，則不願有減，須仍照遺文之數給之。所有應受財之人，若於未受時即死，則其應給之金，須歸其子，若終無子，則金之半數，須歸於其兄馬哥或其子。所餘半數，須用作父母及本身魂魄祈禱費用。

此文之公證人，爲聖肥斯教堂高僧李那多君，及該堂書記李那多君，又該堂高僧斐加奴亦爲公證人之一。

詳察此文，遺命人對其兄馬哥有極佳之感情。若自己終於無子，馬哥則得享有財產之大部份也。於前章余已略言少馬飛之遺命文而略加推測語矣。上方所引第二節中之條件，吾人對於少馬飛之家譜，頗有所懷疑，蓋其子頗多也。若彼果有子甚多，則不必留此草文於公證人之手，以待其死後，更作爲正式之遺命文也。据存留之官府文牘攷之，則此草文，似并未更換，即於死後因之以成正式之文也。由此而吾人可推想，下節所言之馬哥黎奴，(Marcolino)即少馬飛之子也。

於此遺命文中，亦藉以知其叔老馬飛尚存在也。唯其死之年月，則不可攷矣。大僧劈劈尼所譯刊馬哥孛羅遊記之序文中，則謂其大約死於一千三百十五年至一千三百二十年之間也。由威尼斯市圖書館所藏古代之公牘觀之，而知其死，必在一千三百十八年之前，一千三百零九年二月以後，蓋該年二月，爲老馬飛最後之遺命文繕成之月也。此文今已喪亡，唯据他書引證之節，吾人得知其曾遺留一千里耳公債金於馬哥孛羅渾名馬哥黎奴者。此馬哥與老馬飛之關係如何，不得而知。推臆之或爲其法律未承認之私生子也。(亨利攷狄曰，馬哥黎奴爲老馬哥之孫，尼哥羅之子，著遊記之馬哥孛羅從兄弟也見本書之末馬哥孛羅家系圖)。

第四十四節， 此時官牘上馬哥孛羅之記傳百萬君渾名之起由。

一千三百零二年，馬哥犯水管不受檢查之罪，應受罰。市中行政大會，爲其未知法律，故有赦免之文吾人於此乃復稍藉以悉馬哥之履歷。然恐有誤，蓋馬哥是時已得貴族之稱呼，(Nobilis Vir) 而該赦文則稱之爲平民 (Providus Vir 或 Prud'homme) 也。攷同年官牘中有加奈萊局 (Cannaregio) 人，聖哲萊米亞教區信徒，亦有名馬哥孛羅者，其或此人之誤乎。或曰，遊歷家之馬哥孛羅於本公牘發行之後，始被舉爲大會議員，厠於貴族之列也。

前節嘗言遊歷家本人，其邸第以及其書矣。當時人輒稱之以『百萬君』『百萬第』(Il Million)等渾名。攷其源由固有數說也。其同時之人，雅各波 (Fra Jacopo d'acqui) 謂孛羅氏歸自東方時，攜帶珍寶甚夥，價值百萬里耳之數。威尼斯富翁中以孛羅氏爲首，故里人呼以『百萬君』之名。桑沙維奴（Sansovino）馬哥巴巴羅（Marco Barbaro）玫羅奈利（Coronelli）及餘人皆從此說，方唐尼尼（Fontanini）則謂孛羅氏遊記中有千百之奇聞異說，故人稱之曰『百萬君』。此說渺茫，稍離眞狀。大約賴麥錫所傳頗可信也。賴氏曰，『此名之起由馬哥君述大汗富力，以及他方王侯之產業，好以百萬計，故其里之年輕好事者流綽號之曰百萬君也。』賴氏又嘗言威尼斯市官府文書中亦有百萬君之名。吾人及今，尙覓得往代官文一紙，足以證明此事。此公文(六十九)乃一千三百零五年（元成宗大德九年）四月十號，市會公議赦免梅斯脫（Mestre）地方人波奴奚（Bonocio）私販酒之罪，波奴奚之保人，貴族馬哥孛羅百萬君（Nobilis Vir Marchus Paulo Millioni）亦其一也。

（註六十九）此公文謂經大會議決，梅斯脫地方人波奴奚私販酒，爲巡緝長所獲，應受一百五十二里耳之罰，此數分四年交清。波奴奚隨本市大使出差時，所得薪俸須除去此數。若不能交清，須爲波奴奚或其保人是問。保人爲貴族彼得毛羅希尼（Pietro Morosini）及馬哥孛羅百萬君二人。

吾等之遊歷家，歿後多年，威尼斯市之跳舞會場中，尙時有假扮馬哥孛羅百萬君演述荒誕廣言逸話，以博下等社會之歡者。威尼斯市尊崇吾等之大遊歷家，以如是之禮。其故里鄉人對於孛羅氏之心理，亦可藉以明其一二矣。（七十）

（註七十）近代譏詘孛羅氏之遺風，似有復燃者。佐治摩法（George Moffatt）告余，謂彼幼時在蒙校中，犇童道及不可信之言語時，輒呼曰：『咦！是何似馬哥孛羅也。』

第四十五節，　馬哥孛羅與梯抱賽波愛君之關係。

稍後於史中復見馬哥孛羅贈遊記本書於瓦樂爾朝查理王（Charles of Valois）之臣，法國某貴人也。

查理王乃腓力美王（Philip the fair）之弟。一千三百零一年時，娶君士旦丁堡皇帝腓力苦代尼（Philip de Courtenay）之女加大隣（Catharine）爲后。腓力苦代尼無子。故死後，婿查理王，爭爲東羅馬帝位之繼續人。是時帝位雖徒擁虛號，然覬覦神器者，仍甚有人。教皇克萊門五世（Clement Y）助查理王，一千三百零六年時，

◁羅倫座地方演幻術撮影▷

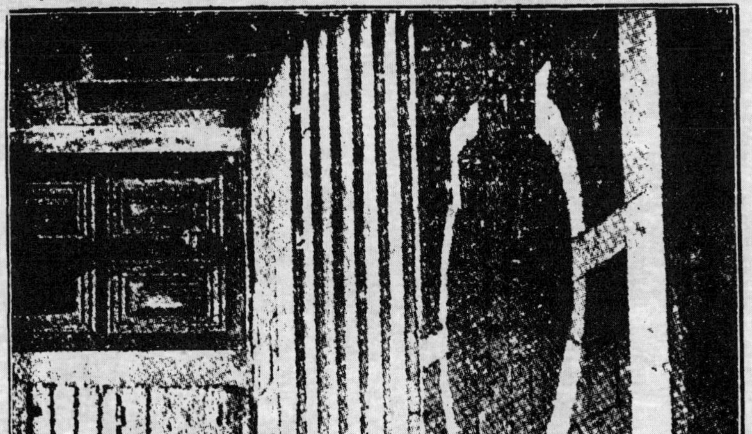

◁馬哥孛羅長眠處攝影▷

致書諭威尼斯市使助成此舉。同年查理王及后遣勇士梯抱賽波愛（Thibanlt de Cepoy）與茶頭（Ehartre）地方牧師名皮耳雷力須（Pierre le Riche）者爲大使，至威尼斯，締結攻守同盟之協約。約正式成於一千三百零六年（元成宗大德十年）十二月十四日。今巴黎京城圖書館仍存此約。梯抱賽波愛後與威尼斯艦隊至希臘，然無所成功，（七十一）一千三百十年，空歸復命而已。

（註七十一）依杜康謝（Ducange）之說，一千三百零七年時，梯抱氏充法國弩隊大總管。白熙氏（Bu-chon）謂其油畫肖像今仍在維賽宮（Versailles）內，與他代之水師提督同列焉。蒙太內（Muntaner）君關於梯抱氏在希臘無功績，有譏誚語曰『彼乃風之統帥，猶之其主爲風之王也。』

梯抱氏居威尼斯時，似與馬哥孛羅君相識，蒙其贈遊記本書一册也。此事，曾見於巴黎圖書館所藏孛羅遊記寫本及瑞士京都伯恩城（Berne）所藏之遊記本書。伯恩所藏者，與在巴黎者適相同。余意其或自巴黎抄寫者也。二書註記如下：

『吾主梯抱勇士，兼賽波愛公爵，嘗自威尼斯市民兼議員馬哥孛羅君處，請取遊

馬哥孛羅游記導言

記一册。今此書即是也。馬哥孛羅君，人品高尚，道德遠協，遐方異俗之國，皆敬重之。欲將其所見者公諸於世，且尊仰吾主法蘭西王世子兼瓦洛伯爵（Count of Valois）查理公之欽明文思春秋富强之故，乃贈賽波愛公爵以其所著遊記之第一本。悅見其書之攜入法境，得高貴賢明之士，如梯抱君者，爲之傳布也。梯抱君攜其書歸里。梯抱君卒後，其長公子約翰襲爲賽波愛公爵，依原文抄錄多本，將其第一本獻於其君瓦洛伯爵。餘諸册，有請求者則贈之。』

『上方所言遊記書，乃馬哥孛羅君親贈賽波愛公爵者。公時代表法國國王及王后充君士旦丁堡帝國總牧師，路出威尼斯市也。時適吾主基督降生以後一千三百零七年（元成宗大德十一年）八月也。』

此記文於孛羅氏遊記本書之歷史研究，甚爲重要，後將復及之。

第四十六節，馬哥孛羅完婚，及其諸女。馬哥經營商事。

馬哥孛羅何時成婚，已無可攷究，然約於十四世紀初幕，可無疑也。因於一千三百二十四年時，（元泰定帝元年）吾人得知其有出閣之女二，未嫁之女一也。其妻之名，爲多那大（Donata）家世如何不可得詳。余則疑其姓爲羅萊大奴（Loredano）（參觀後第四十九節）也。

此後吾人復覓得一千三百十一年（元武宗至大四年）時之官府證書一紙，頗有興趣。由此而得知馬哥之曾經營商業也。該證書乃審判廳判決聖約翰教區貴族馬哥孛羅控聖阿陂李那教區（San Apollinare）商人保羅姬拉多（Paulo Girardo）之判詞也。詞中言及馬哥孛羅嘗與姬拉多協同營商。馬哥托姬氏售賣一磅半之麝香，每磅價值大里耳六枚。（約値今英國銀幣二十二磅十先令）姬氏則僅依價售出半磅，餘則帶歸。檢查之缺少六分之一兩。姬氏無明白之賬以報，又不能言明缺少之理，故馬哥控之索賣出半磅之值三大里耳，與缺少之六分之一兩之值二十格羅西。（Grossi）法官判決被告人，若不於指定期限償清所欠，則須受監禁若干時也。

一千三百二十三年（元英宗至治三年）五月時，復見馬哥孛羅在市長與律師處有法律上請願事。關於其聖約翰教區房產，及得自其妻之屋相接之梯階廊道所有權，等事，前已言之矣。（參觀第二十四節附文）攷此事，距馬哥孛羅之死，或僅一年而已。

第四十七節，　馬哥孛羅最後之遺命文，及其死。

一千三百二十四年（元泰定帝元年）正月九日，馬哥孛羅因臥病已久，身軀衰弱不堪，恐將歸黃泉，乃延聖拍羅克羅教堂（S. Proculo）僧人兼公證人，約翰周斯梯年尼(Giovanni Giustiniani) 書成其最後之遺命狀文。此乃大遊歷家最後之生時歷史也。其遺命狀文如下：

敬祈永世尊嚴之上帝，使諸事皆如予願。

時爲吾主耶蘇基督降生後一千三百二十三年正月九日，第七紀上期也。(七十二)地在里亞陀。（Rialto）

（註七十二）威尼斯市之法律年期，皆起始於三月一日。一千三百二十四年，乃第七紀也。（譯者按此紀乃教皇所頒，以記年者。每紀十五年。）故核其年月，即今歷一千三百二十四年也。

神明審慮，天意有定，凡爲人類，於將死之前，皆須立願以處置其產業，蓋恐死後無所依据也。

予名馬哥孛羅，聖約翰教區信徒，因賤軀多恙，日益衰敗，幸蒙上帝賜福，心神尙清，聰明猶有，故趁此祈聖拍羅克羅教堂僧人兼公證人約翰周斯梯年尼君，依余意繕就最後之遺命狀文。

予指定予愛妻（七十三）多那大（Donata）及吾三愛女芳提那（Fantina）貝蕾拉（Belela）與毛萊他（Moreta）爲吾遺命之執行人。於余死後，依余遺命處置產業，須給賜施須悉依囑文而行。

（註七十三）馬斯敦（Marsden）氏謂賴麥錫傳記中，馬哥孛羅僅有二女，名毛萊他與芳提那，而此二女者，或父母喜愛小孩，所加之渾號，未必爲受洗時正式所受之名。然余孜之馬氏之說，實有誤也。芳提那乃往昔威尼斯市地方先輩之名。（聖芳提奴）威尼斯男子亦多有名是，亨利丹多羅（Henry Dandolo）有子，亦名芳提那也。至毛萊他之名，或爲馬羅加之變式。孛羅氏族中，此名屢見不一。威尼斯市男子，亦有名，貝蕾拉者其實法甚多，有作貝蕾羅(Bellelo)者，有作貝蕾洛(Bellero)者，有作貝蕾拖(Belleto)者。

第一事須將什一之遺產稅完納。(七十四)稅課完納後，所多出者有二千里耳，(七十五)(威尼斯代那利幣制 Venice denari)須依下法處置。

(註七十四)威尼斯市什一遺產稅，歸加斯德羅教堂僧正 (Bishop of Castello) 征收。所進之欵，由僧正與諸僧教堂及貧民等分而有之。此稅爲以後人民惡感所叢生。一千三百四十八年大疫後，人民於短期間內，有付納三次者。怨恨達於極點。當時僧正與人民，作和解之條件。至一千三百六十七年，保羅福斯克利 (Paolo Foscari) 繼位，謂人民死後，其財產須有詳細目錄，什一之稅，必須完全交納。市內行政會與之爭鬥極烈，福斯克利逃往教皇處，始終倔強，不稍退讓。一千三百七十六年，福氏死，更作和解條件，每年納五千五百的由克脫 (Ducats) 可矣。

(註七十五)威尼斯市幣制紛亂，所有里耳種類不一。所謂 Lira dei Piccoli 者，每枚等於三的由克脫；(Ducat) 所謂 Lira ai grossi 者，每枚等於二的由克脫；而所謂 Lira aei grossi 或 Lira d'imprestidi 者，每枚等於十的由克脫，約等於今英國銀幣三磅十五先令，較之當時之磅略多。末種錢幣在本遺命各條款中有特別表出者，如給與勞倫斯教堂二十索耳底（Soldi 或一里耳）其妻之年金八里耳等語。唯此節之二千里耳，威尼斯代那利幣，寔難考其究爲何幣也。此等難題，不獨見諸於此也。格里修理（Gallicciolì）謂一千二百三十二年時，梅奴拖（Giacomo Menotto）遺命，給與聖賈謝奴（San Cassiano）教堂年金若干里耳代那利幣；至一千四百二十七年時，教堂收領者乃 lire dei Piccoli。因之控訴於法庭，法官判決，謂遺命狀文中之里耳乃指 Lire ai grorsi 而言。吾人於此雖有前案可援，然終難解吾人之惑也。

給與聖勞倫斯教堂（St. Lawrence）二十索耳底，威尼斯市格羅西幣也。余之骸骨，須葬於此。

余弟婦依薩貝他魁利奴（Ysabeta Quirino）嘗欠余三百里耳，威尼斯代那利幣。此款余死後，即劃給與之。

自格拉多（Grado）（七十六）以至銀角（Capo d' Argine），沿途各教堂各醫院，各給與四十索耳底。

（註七十六）自拉格多以至銀角一帶地段，即所謂多加都區（Dogado）東起格拉多，西至銀角爲止，濱湖地是也。

聖約翰教堂，及宣道師保羅君，嘗欠余欵，余死後，該欵卽劃給與之。大僧萊尼君(Friar Renier)給與十里耳。大僧班維奴拖君(Friar Benvenuto)嘗欠余欵，余死後，此款卽劃給與之，並另給以五里耳。

里亞陀(Rialto)地方之僧正，會各給與五里耳。(七十七)各公會各團體，余生時曾爲會員者，悉各給以四里耳。

(註七十七)此條中之公會，乃譯自英文 Guild 而英字 Guild 又譯自拉丁原文 Scho larum。往代威尼斯市各艇，互相連絡，成協會，名曰 Fraglie 或 Scholae。每會各有章程，舉有會長，曰 Gastald。其集會之所，多在先聖祭祉，謂可藉其恩助也。此等公會之目的，爲互相救助貧乏少女，無貲出嫁者，助以奩妝，會員死者，給以奠祭；加入公衆宗教賽會。不列會之艇，不得享有此項權利，並不得舉行此項典禮。

余死後，須給僧正兼公證人約翰周斯梯年尼君二十索耳底，威尼斯格羅西幣，以酬謝其爲余繕成此遺命狀文之勞，並乞其以後祈禱救世主，爲余祝福。

余所使役韃靼下人彼得，（Peter）於余死後，所有應盡義務，一律免除，並求上帝宥赦余魂魄一切罪惡，又彼在余家作工所得之資，余悉數送還之，此外須更給以一（七十八）百里耳，威尼斯代那利幣。

（註七十八）史載馬哥孛羅死後數年，（一千三百二十八年）威尼斯市行政大會議決，因孛羅役人彼得（Peter）居住威尼斯已久，且人品甚佳，許可其為威尼斯市民，享有一切權利。鮑梯氏謂此韃靼下役彼得，或於三十年前，即侍候馬哥孛羅，來自東方者。然嘗考之，恐未必然也。中世紀時，威尼斯市使用奴隸甚衆。奴隸貿易甚旺，著作家拉薩利（V. Lazari）參考史籍頗多，得悉當時之奴隸，多數為韃靼人也。此等奴隸何由運入，不可得知，或若來自黑海沿岸各販賣所。而塔那市（Tana）之販賣所成立後，輸出尤多也。

一千三百七十九年時，（明太祖洪武十二年）奴隸出口，每頭抽稅五的由克脫。（Ducats）拉薩利謂市長莫賽尼哥（Doge Tommaso Mocenigo）在位時，（一千四百十四年（明成祖永樂十二年）至一千四百二十三年（永樂二十一年）收入之奴隸稅，至五萬的由克脫之譜。由此推算，其出口奴隸每年達一萬人之衆，可謂駭人聽聞矣。拉薩利之說，恐亦難於盡信也。此等奴隸，多半用執家庭之役，而史籍所載，奴婢之數，又較之奴隸，更多一倍也。一千四百二十九年時，（明宣宗宣德四年）某書載俄國某幼女購入之最貴價，爲八十七的由克脫。大概少女之購入，其價爲最昂也。此事關於研究威尼斯歷史，頗有趣味也。蓋由此可以明威尼斯古代遺命狀文，及各姓之家譜中，關於法律不承認之私生子女，層見迭載之故矣。一千三百零八年時，欽察汗脫脫（Khan Toktai）（見元史卷一百七，朮赤太子位下，受中國元朝封，爲寧肅王，）聞甚奴亞人及他佛蘭克族人（Franks）有販運韃靼小孩出口售賣事，大怒，遣兵伐克發市（Caffa）。該市人未加抵拒，被佔據，市民逃入船內，以避其鋒。在欽察都城薩雷（Sarai）之甚奴亞人財產，脫脫汗令一律沒收，以示懲罰。

二千里耳內所剩之餘金，未納什一遺產課稅者，須由執行人，配置作余魂靈祝福之用。

其餘之產業，余分給余妻，及余之執行人多那大，（七十九）每年八里耳，威尼斯格羅西幣，爲彼之用，至其死時爲止。家內所有布帛，及各種什物器具，並美飾之床三付，悉給余妻。

（註七十九）二千二百四十二年時，威尼斯市定律，人將死時，家中各物，如金銀盃，或首飾以外之什器等亦須於遺命文中指定承襲者。

此外余之動產或不動產，未經處置者，皆須給余之三女，芳提那，貝蕾拉，毛萊他平均分之。此三女，余認作余之正式後嗣。所有余之零星動產及不動產，其承襲權，皆歸三女。又第三女毛萊他，尚未適人，其將來陪嫁奩妝，必須與余之他女前所得者相同。千囑萬囑。

若有欲違背此遺命狀文者，明神殛之，三百十八神父咒逐之，更須賠償執行人黃金五鎊。皆須依余囑而行。遺囑人馬哥孛羅簽名劃押。

證人僧正彼得格里芬。（Peter Grifon）

證人亨甫雷巴拜利。（Humf-r-e-y Barbe ri）

聖拍羅克羅致堂僧正，兼公證人，約翰周斯梯年尼繕成此狀文（八十），並證實之。

（註八十）馬哥孛羅之遺命狀文，可參觀攝影原文。此狀文及以前所言孛羅氏之二遺命文，皆貴族腓力巴爾比（Fiiipo Balbi）所藏。後巴爾比贈與聖瑪克圖書館。諸文皆用羊皮紙繕寫，為當時之字體，經官家正式考檢悉爲原來之物。西郭那（Cicogna）於其所著之威尼斯古文牘(Iscrizioni Veneziane）第三卷中最先刊之。本書將其草書原狀用撮影法揭出，並每行之正楷拉丁文亦刊之，俾易考證焉。證人與公證人所簽之名外，並不見馬哥孛羅所簽之字也。蓋十三世紀時意大利習尙，證人及公證人，或僃公證人簽字，狀文即足爲憑，不須本人之簽名也。公證人所簽名前有花紋，亦當時習尙。各簽名之公證人依心所悅而畫者也。馬哥孛羅此遺命狀文，字跡極劣，省筆之字亦甚多，前節所言老馬哥及少馬飛之遺命狀文，則字跡清秀，美麗，峩特（Gothic）體之字也。

馬哥孛羅繕成此狀文後，復生存幾時，則不得而知。吾人所發見一千三百二十五年六月以後之寥寥數公文，讀之乃悉馬哥於是時已死有日矣。(八十一)

（註八十一）前章言新近發明某公文，疑其所簽之名即吾等大遊歷家之手書也。（見第三章第十四節之註解）此公文乃威尼斯市行政大會議決某案之詳細說帖，末有議員三人所簽之名。其最後者，爲馬哥孛羅。唯其時日爲一千三百二十四年三月十一日，實使吾人疑此馬哥孛羅，是否即吾等大遊歷家之馬哥孛羅也。余友威尼斯某君告余，馬哥孛羅之名，是後屢見諸公牘中，直至十四世紀之中葉始已云云。

余意此馬哥孛羅與遊記本書後附錄乙部第二節所見之馬哥孛羅為同一人，嘗舉馬利奴發利羅（Marino Faliero）與約翰格拉代尼哥（Giovanni Gradenigo）為威尼斯市之市長者也。此人與孛羅氏兩支派之關係何如，余不得而知，但余疑其為聖哲萊米亞（San Geremia）之支派。此支於十四世紀中葉時，實有一人，亦名馬哥孛羅者。

第四十八節，馬哥孛羅之葬地，所傳之遺像。

馬哥孛羅之葬地，必依其遺囑，在聖勞倫斯教堂內，可無疑也。桑梭維奴（Sansovino）嘗有短文證實其事。文雖錯亂，然亦足以資攷鑑也。（八十二）其墓無碑。馬哥之父尼哥羅之墓，因馬哥孝思，故有隆起石棺，勒文以記之，文曰『聖約翰教區信徒尼哥羅孛羅之墓』（Sepultura Domini Nicolai Paulo de contrata S. Ioannis Grisostemi）十六世紀末時，此石棺猶屹立於聖勞倫斯教堂廊內也。一千五百九十二年時，（明神宗萬歷二十年）教堂重修，或於此時石棺他移，而致失落，其墓地所在，今則無由而攷矣。

（註八十二）桑梭維奴之短文如下：『聖勞倫斯教堂之前廊下，即馬哥孛羅百萬君之長眠處也。百萬君嘗著新世界遊記一書，發明新國新土，早於科倫布也。書中誇辭過甚，故信之者甚少。然當吾等父先之世，科倫布發明新土，皆前此名人所認爲無人之地，因之馬哥孛羅之遊記，信者益增。」

馬哥巴巴羅於其所著家譜一書中，亦證實此葬地。

世所存馬哥孛羅之像，無一可據以爲眞者。遊記本書後，所附之書籍題解，最先德文刊印之馬哥孛羅遊記，有遊歷家繪像，毫不足以代表眞形。羅馬市白地亞(Badia)先生藏古代名人遺像甚多，內有馬哥孛羅之像，實爲最古者。白君贈余一枚。此像乃載在梯唐（Titan）氏之繪像集成者。攷其服式及裝束，或爲一千六百年左右時之物也。像旁有記曰『Marcus Polvs Venetus Totivs Orbis et Indie Peregrator Primus』此像之源來已不可攷，然余信其爲歐必奴（Urbino）地方匯聚諸像之一也。十七世紀時，威尼斯市某姓慕仰孛羅氏之爲人，建大理石像以榮之。此石像今猶立於威尼斯市聖斯德芬奴區（Campo S. Stefano）之摩羅西尼格天堡十字街口。（Palazz. Morosini-Gattemburg）該市大公爵宮（Sala dello Scudo）內壁上所繪之像甚佳，曾受金牌之賞，又嘗被列入貝通尼（Bettoni）君之意大利偉人叢像錄（Collection of Portraits of Illustrius Italians）中。然攷該繪像，乃一千七百六十一年時，格立賽立尼（Francesco Griselini）臆想之繪畫也。一千八百四十七年時意大利科學會末次會議之紀念牌上亦有馬哥孛羅之像，乃佛百利（Fabris），據格立賽立尼之作而鑄成者也。鮑梯所刋馬哥孛羅遊記之篇首，亦揭載此像木刻，頗清，鮑君雖未詳該像之歷史，然余信其亦必取材於此紀念牌也。晚近千巴（Auguasto Gamba）塑有馬哥孛羅半身像一具，甚美麗，在大公爵宮之內廊，威尼斯偉人叢像中。基奴亞之市政廳壁上有馬哥孛羅鑲像（Mosaie Portraits），對壁相陪者，則發明新世界克利斯多甫科倫布（Christosher Columbus）之鑲像也。(八十三)

（註八十三）余所註馬哥孛羅遊記第一次刋行本中有關於來自中國之馬哥孛羅像短註一節，謂廣東某寺內俗稱有五百羅漢，其中有一外國像，由其名而世多疑為馬哥孛羅者。維理先生（Wylie）為硏究中國學問之泰斗，告余謂實全無根据。寺內五百羅漢，皆佛教中之先賢，內一羅漢首戴水手之草帽，因而啟人注意。維理君并未詳其名也。

（亨利玫狄補註）一千八百八十一年，萬國地理學會開會於威尼斯市時，曾將此像之模型出示諸人。此像即廣東省城法隆寺（Fa Lun Sze）五百羅漢某像。鄙人今用撤影法揭之。法隆寺之像，乃菉格梅（Felix Régamy）筆倣某照片所製者。吾友法國駐廣州領事華特先生，（Camille Imbault Huart）郵贈於余者也。

第四十九節，孛羅氏以後之家史。

由前節所引證之寥寥數公牘，吾人得知馬哥孛羅後嗣之餘史，僅不過如是而已。由其遺命狀文，乃得知其有長女二人，名芳提那，與貝蕾拉，皆於其未死前已適人。一千三百三十三年時（元順帝元統元年）其幼女毛萊他亦已有夫，次女貝蕾拉已死矣。一千三百三十六年時，（元順帝至元二年）諸女之母多那大亦，於其間卒矣。（八十四）芳提那之夫名馬哥白拉格地奴，（Marco Bragadino）毛萊他之夫，名拉奴座竇爾腓奴，（Ranuzzo Dolfino）貝蕾拉之夫，名姓爲何，則無載籍可稽矣。

（註八十四）鄙人嘗遍覽威尼斯官之各家譜，不獲見拉奴座賚爾脪奴之名，唯見有數人名萊尼（Reniers）者。拉奴座之名，或爲萊尼之誤乎？

芳提那之夫馬哥白拉格地奴或即爲彼得白拉格地奴氏之子。一千三百四十六年時，（元順帝至正六年）充遠征總司令，討伐阿起利亞（Acquileia）主教者也。一千三百七十九年時（明太祖洪武十二年）芳提那或已寡居，以籍隸聖約翰教區之故，行政會命捐戰時公債一千三百里耳，同區有彼得白拉格地奴君者，或即芳提那之子，亦强爲付納公債一千五百里耳。蓋是時方與基奴亞復興戰端也。

此外各公牘所載孛羅氏家史頗夥。一千三百二十六年時，（元泰定帝三年）毛萊他爲粗漢桑尼奴格里尼（Zanino Grioni）在聖維他教區（Campo of San Vitale）所侮辱，控於法庭。四十議員議會（Council of forty）判決格里尼品行不莊，罰坐獄二月。

一千三百二十八年三月，聖約翰教區馬哥孛羅（著書者之侄）又名馬哥黎奴者，爲前老馬飛於一千三百零八年二月六日遺命給彼公債金一千里耳，不意於一千三百十八年五月爲聖約翰教區已死馬哥孛羅（即著書者）不顧權利，讓渡他人。彼死後，又爲其承嗣人所割讓，乃起訴於法庭。法官査得此讓渡大不合理，且全無原由，命將此讓渡悉行刪除。二月後，四十議員議會復判決多那大夫人因某案犯法，須賠償受罰也。魁利奴（Bertuccio Quirino）嘗有金二包，封鎖寄存於多那大夫人之處。包內有金約値八十里耳，格羅西幣（値銀三百鎊）及啟包時，僅餘四十五里耳與二十二格羅西。（約値銀一百七十鎊）魁利奴因控多那大夫人擅自啟包取金之罪。多氏當時或亦效婦人恒性，知有一己權利，而不知有法律束縛，故作此盜竊行爲也。（八十五）四十議員議會判決多氏有罪。法庭因出示沒收孛羅氏某物，償還欠金，並罰二百里耳，以儆貪婪。

（註八十五）此罰欵二百里耳，並未註明何幣，或者爲 ai grossi 也。若然，則等於今英金二十七鎊十先令。吾人亦甚疑其非 dei grossi 幣也。

口碑所傳馬哥孛羅之家貲，何嘗鉅萬，然馬哥本人之遺命狀文，則並未言有此數。何哉？謂爲不及鉅萬，則又無信理可憑焉（八十六）。

（註八十六）孛羅氏苟如口碑所傳之富，何馬哥孛羅之弟少馬飛亦曾享其父遺產之一份者，於其遺命狀文中，僅言有一萬里耳，或最多等於五千的由克脫乎？

嘗考安尼羅萊大奴氏（Agnes Loredano）之公牘二，皆載其與多那大夫人爲姊妹行。余因疑多那大夫人姓羅萊大奴氏。然安尼羅萊大奴氏，曾否適人，抑爲處女，則無由考，是以不能必也（八十七）。

（註八十七）淫嫣麗教堂（S.Maria delle Vergini）之尼正某氏，亦名安尼羅萊大奴，卒於一千三百九十七年。然所距時間，不免太遠，恐非一人也。

孛羅氏以後之家史，多難確信。賴麥錫作馬哥孛羅傳，謂孛羅氏之男統，至一千四百十七年時，威羅那貴人（Castellano of Verona）馬哥孛羅卒，遂絕（八十八）。（或謂卒於一千四百十八年，又有謂卒於一千四百二十五年者。）其家之產業，統歸嫣利亞所承襲。（威尼斯市某君贈余抄寫公牘一紙，稱此女之名爲安那Anna）嫣利亞於一千四百零一年，適班內代拖科那羅君（Benedetto Cornaro）於一千四百十四年，再嫁於阿梭脫萊維沙奴氏。（Azzo Trevisan）其四代曾孫馬哥安拖奴脫萊維沙奴（Marc antonio Trevisano）於一千五百五十三年時，被舉爲（八十九）威尼斯市之市長。

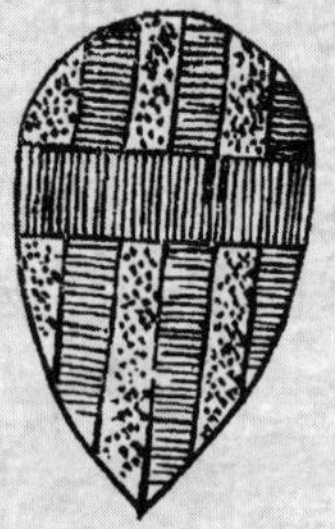

脫萊維沙氏所用袖徽圖

（註八十八）威尼斯公立博物館（Museo Civico）內（錫閣那室Cicogna Collection第二千二百七十一號）。有委任狀一紙，載一千四百零八年市長米哲斯太奴（Michiel Steno）任命馬哥爲阿羅斯的克地方之長官（Podesta of Arostica）。狀文稱馬哥爲Nobili Viro Marcho Paulo此馬哥想卽與孛羅氏最後者爲同一人也。

（註八十九）馬哥安拖奴脫萊維沙奴被舉後，辭職不欲就，其友勸之就職，然在位不及一年卽死矣。

馬哥巴巴羅（Marco Barbaro）依据賴麥錫之書，作家譜學一書，謂威羅那貴人（Castellano of Verona）爲遊歷家馬哥孛羅之孫馬飛之子。吾細考此說，全無根据。

巴巴羅又謂媽利亞爲遊歷家之弟少馬飛之女。苟若是，則此女嫁於一千四百十四年，同年生子。而子之父，則最後亦須生於一千二百七十一年。年代相差，至於一百四十餘年之遠，其謬誤難言，亦可知矣。此外孛羅氏之家譜，言者多家，各有謬誤。余嘗考之，蓋皆由於聖哲萊米亞（San Geremia）及聖約翰(S.Giov.Grisotomo)教區之孛羅氏兩枝分別不清，致起錯誤也。（已巴羅之錯誤，蓋不因此。）余故謹愼，不將諸家之說揭示也。設使前數頁所言之馬哥犂奴孛羅（Marcolino Polo）與孛羅氏之血統最密（甚或爲法律上不承認之私生子），則是彼爲聖肥立斯教區，安德利亞孛羅氏之惟一男系；遊歷家馬哥君亦其正嗣也。由家譜中之關係觀之，余則疑威羅那貴人馬哥及媽利亞脫萊維沙奴皆聖哲萊米亞教區孛羅氏之（九十）嫡派也。（參觀本書後附錄乙孛羅氏家系圖）

（註九十）本書後附錄乙丙，於孛羅氏家系事實，蓋已詳言之無誤矣。

威尼斯市官府文牘保存處藏有委任狀文一紙，乃市長所發，介紹貴人（Nobilis Vir）馬哥孛羅先生於西錫利王者。狀文日期爲威尼斯市紀元一千三百四十二年十一月九日。吾人於西錫利官府文牘保存處見數年後復有西錫利王晉易(King Lewis of Sicily)命令一紙，載馬哥孛羅嘗執役於王庭，頗有微勞，甚稱王意，王因令梅西那市(Messina)太守，免除馬哥君營商販運出入所應納之關稅，每年値二十兩之數。此命令乃一千三百四十六年(一千三百四十七年?)正月十三日自克塔尼亞市(Catania)所發者。

前一狀文，乃威尼斯市官府文牘保存處處長賽夏梯君(Signor B.Cecchetti)告知鄙人者，並云此狀文嘗轉錄於大辭書卷四第五頁，(Comme.nor.IV)云云。後一命乃得之於拍樓摸市(Palermo)官府文牘保存處處長克利尼君(Carini)，此命現存於王家圖書館(Archivio della Regia Cancellaria)此馬哥孛羅之使命，亦嘗見諸西錫利王彼得二世之某勅旨中。是時威尼斯市對於西錫利有所請求，命馬哥孛羅爲大使，故王有此勅旨也。致該勅旨之時期，乃一千三百四十年十一月十四日，在稱西那所發者。西錫利考古家格利高利(Rosario Gregorio)謂此大使，與大遊歷家馬哥孛羅爲同一人。然遊歷家馬哥孛羅至是時死已久矣。

由末後一命文觀之，此馬哥孛羅乃營商者，或與本節所言之馬哥牢奴爲同一人。然此貴人(Nobiliss

Vir）或與前第四十七節最末一註所言之馬哥孛羅爲同一人則尤近矣。

第四十九節，附文，

亨利攷狄曰遊歷家孛羅氏嘗遺有數物於後世傳至今代。略加攷證，或亦當世博雅先生所樂聞也。

（甲）短運之市長馬利奴發利羅（Marino Faliero）似有遊歷家馬哥孛羅紀念品甚多，其中有抄寫公牘二紙。一爲馬哥孛羅之手筆其他有花彩甚多。施羅斯（Julius von Schlosser）嘗自威尼斯美術工業及古玩雜誌（Bulletino di Arti, Industrie e Curiosität Veneziane）一千八百八十年至一千八百八十一年第三期中，摘取而復印於其所著之古代金牌及古玩攷第十八卷中。其內有馬利奴發利羅紅室內所藏物品目錄。發利羅之宮，在聖徒教區（ss. Apostles）其目錄中要件可約言於下：

耶穌降生一千三百五十一年第六週年（Indiction）古代久良曆法 Julian Calendar每週十五年。今代格利高雷曆法已廢棄不用矣。

四月，聖徒教堂附近，貴族瑪黎奴法里羅之故邸紅室內，收藏珍寶清單。
此單爲該教堂僧人約翰親筆書寫者。

欵目　諸箱藏金銀珍物甚多。內有戒指一只，其上鐫文爲『忽必烈汗賜馬哥孛羅』云。又衣領一具、飾以各種刺繡走獸之形。蓋皆韃靼特有者。上方二物，皆馬哥孛羅贈與法黎羅族人者。

欵目　白皮箱二只。內藏各種金銀物品甚多。皆馬哥孛羅受自某蠻王者。

欵目　三口刀一把。製工精緻。亦馬哥孛羅自東方帶歸者。

欵目　印度地毯一張。亦馬哥孛羅遺物。

欵目　白羊皮紙寫本書一本，附繪圖甚多，蓋即馬哥孛羅遊記草稿也。

△基奴亞市政廳壁繪馬哥孛羅像◁

◁馬哥孛羅携歸歐洲之八角形磁鼎▷

欵目　韃靼諸國記一本，馬哥孛羅親筆所書者。

（單中不關馬哥孛羅者皆用………略去。）

（此單原爲拉丁文法國沙海昂工程師代余譯成英文而余又由英文譯成漢文）

（乙）法國路費（Louvre）格蘭的地君（M.Ernest Grandidier）所藏磁器甚多，且極寶貴。內白磁香爐一具傳云來自馬哥孛羅此爐乃一八角形之鼎，支那福建產，宋朝時代物品也。威尼斯市聖瑪克教堂儲庫守官某君，贈之達維理男爵（Baron Davillier）者。格蘭的地君爲研究磁器之專家，著有支那磁器（Ceramique Chinoise）一書，一千八百九十四年時，出版於巴黎市本書附印之圖，即格蘭的地君允許撮取者。

第九章　馬哥孛羅遊記本書及最先所用之文字攷。

第五十節，遊記本書內容總說。

遊記本書分二部，第一部爲序言乃述個人歷史者，略言孛羅氏兄弟二人至大汗庭之情形，與第二次偕馬哥同至東方，及由印度洋至波斯歸國狀況。語雖甚短，然極有味也。第二部篇章甚多，長短不一，詳述奇見異物，各地怪俗大事，亞洲各國情形，尤於忽必烈大汗起居，朝庭，戰爭，及管理方法，最注意焉。末尾有多章，述十三世紀末葉，成吉斯汗子孫，亞洲各汗國，迭相爭鬥事。冗贅而寡趣，且無所用，故各次出版之馬哥孛羅遊記本書，多刪略之。鄙人亦與他人同好惡。讀書者，喜簡略，余亦其一人也。此次所刋遊記，雖爲欲其完備，將諸篇悉羅集之，然余亦覺其徒勞而笨拙也。

第二部在各種舊刋行本內，直至末尾，篇章多不分明。最古意大利或威尼斯刋本，勞勞奴大僧嘗譯之成拉丁文，其內容多分爲三篇(九十一)，後世學者亦多從之。鮑梯氏分末尾歷史諸章，爲第四篇。今次所刋者，爲便利之故，亦從鮑氏例。

(註九十一)吾等所引證之地學會版(Geographic Text(G.T.))最老法文本，內分二百三十二章。鮑梯氏本爲二百章，意大利克羅斯克版(Crusca Italian)爲一百八十三章。

第五十一節，　原書之文字。

馬哥孛羅遊記最先著述時，究用何種文字，議論紛生，而甚鮮發明也。賴麥錫並未有攷證，而即武斷評定其最先用拉丁文。馬斯敦（Marsden）揣測其爲威尼斯土語。巴爾德利博尼（Baldelli Boni）於一千八百二十七年時，在佛羅倫斯市（Florence）刊印其所註馬哥孛羅遊記，頗爲詳密，辨其最先文字爲法文，自是以後學者攷究闡明其說，證實其爲確鑿不誣也。

揣測其最初用意大利某方土語者，亦頗爲有理，尙有當時一二證據，亦足以輔其說也。劈劈奴大僧翻譯遊記爲拉丁文時，馬哥孛羅尙生於世，而大僧乃自謂譯自土語。摩代那市（Modena）圖書館存有抄寫本大僧劈劈奴紀年書一本，謂所譯遊記乃自蘭巴德省（Ex Vulgari idiomate Lombardico）土語而成，故說者謂時期如此其近，拉丁文即已爲第二次所用之文字，未免不近情理。然余則深信拉丁文實爲第二次所用之文字也。且大僧劈劈奴之譯文，依其中字句條理觀之，亦實非由原文，而由意大利土語譯本所譯成者也。

世所疑意大利土語最老之寫本，今藏于佛羅倫斯市瑪格利貝克栖亞圖書館。（Magliabecchian Library）今世意大利人多稱之爲羅梯馬（L'ottina）因所用脫斯肯省（Tuscan）土語，悉純正也。又有謂之爲代拉克羅斯克本（della Crusca）者，因該社人著辭典時，引用爲底本故也。查此寫本之面，有意大利文小註如下：

「此書名馬哥孛羅航海紀行。馬哥孛羅者，威尼斯市貴人也。吾外尊祖父適克俄曼尼（Michael Ormanni）抄此書於佛羅倫斯市外。尊祖父卒於一千三百零九年，吾母攜歸李克球（Del Riccio）里第，因隸於余及吾弟。一千四百五十二年誌。」

依余所攷據該寫本所用之字跡觀之，此節小註內之年代，或不誤也。苟若是，則此本之抄寫，至遲亦必在遊記本書第一次筆述以後十一年之內也。持此說者，謂遊記本書最初或用脫斯肯土語，亦未可知也。及巴爾德利博尼將其付梓時，察知書之內容，(九十二)實譯自法文，證據甚多，巴君已指出之，其他相類之點亦正多也。余因聊舉數條，列之下文以明其說焉。

（註九十二）佛羅倫斯市瑪格利貝克柄圖書館所藏之寫本，曾經巴爾德利刊印，一千八百六十三年時，巴拖利（Bartolli）復重刊之。

第五十二節　法國地學會刊印之老法文版。

一千八百二十四年，巴黎輿地學會刊印孛羅遊記前節已迭次引用，內容足以證明其爲第一次原本而非譯文，甚爲明顯。該寫本（前巴黎圖書館第七千三百六十七號，今法國圖書館第一千一百十六號書，）法文極粗劣，然人名地名，則皆不誤。遊歷家之路程，皆指示瞭然，較之前此所刊各種本皆爲精確多矣。

該寫本文極奇特，吾人雖謂之法文，然非巴黎京城文秀之法文也。保林巴利嘗評其文曰，『其文體在當世爲佳法文，蓋亦猶今世德國人英國人或意大利人操法語，滿口皆其本國之土音，來與巴黎或白勞 Blois 市民較量言語之優劣也。』斯亦可謂爲確當之評論矣。著作人與法文之文法，起大激戰，主格賓格單數複數動詞各法，時候之過去未來與現在等規則，皆茫然混亂，不知作用也。即其當時之讀者，恐亦時起疑難，不知其解釋也。書內意大利字層出迭見，或稍加變化，使似法國文字而已。邊康尼教授（Prof Bianconi）謂書內威尼斯土語亦可尋之，又書內東方字，亦偶遇之。蓋猶今世之英文與印度文有時而混雜并用也。凡此種種，皆足證明此寫本爲脫斯肯省人羅斯梯謝奴所筆述，霑染東方文化之威尼斯人馬哥孛羅所口授之原來文字也。蓋二人之於法文同視爲外國語也。

書內固不獨法文文字爲奇特也，文法字句以外，其體調亦有嚴峻之點，粗陋戲曲體裁，酷類口述。各處文調全無方寸比例。有太簡陋者，有散漫無系字太冗贅者。有重複者。土語俚句，則時用之。（當時文人，亦多好用土語俚句，固不獨此書也。）同一名辭，而拼法屢更，甚至有在數行之內，亦前後不同，似全爲據耳聞而書者。文句時有停頓，似依口授者之休息而來者。關於遊歷家本人，則好用第三人之稱呼，然有時亦忘而書第一人之稱呼，如余我等類者。所有此種特色，似皆爲口授時，草草記錄，未及修飾者。若爲譯本，或重訂寫本，則此等奇異之點，斷不得有也。

廣州西郊花林寺爲傳之馬哥孛羅像

◁廣州西郊花林寺五百羅漢攝影▷

其同一人名而前後屢異者：例如波斯汗孛羅氏稱之爲凱嘉圖（Quiacatu Kaikhatu）後乃又有阿嘉圖（Acatu）或嘉圖（Catu）等是也。

依口述而文筆亦爲之生矛盾停滯者，例如下節：

『離羅西亞（Rosia）余將告君等大海（黑海）情況。環海各國各省，一切詳細情形，以君士旦丁堡爲始。然第一余須先述一省之情況。……此外無復可述者，故余將述他事矣。然羅西亞國尚有一事，余前忘而未述，至此必須言者。……至此可述大海情況矣。前此商旅人等必有至此境者，然尚有多人仍不知此方情形者，故亦將載之吾遊記書內，甚善事也。因此故可先述君士旦丁堡海峽也。』

『由海峽進大海西邊有山名曰發羅（Faro）……然自始述該事後，因已有多人，知該地情形者，故余變計，不欲載該地於吾等記錄內，且述他事可也。』（參觀本書卷四，第二十二章及第二十三章。）

其他類此者，正不鮮也。

前後重復之點，莫過於下節摘取一段之文也。此節乃遊歷家述印度僧人狀況者
ndian Jogis）其言曰

『其中有信徒一派，曰朱基者，（Chughi）生存世間年歲較他人爲長，其壽多
至一百五十或二百歲。年雖老而身體極强健，周遊四方，從心所欲，爲其寺或佛
力竭心，一若年幼者。然求其所以然之故，則節酒衛生，飲食甚少，僅擇滋養者而
尤以米及乳爲多。余復告君等，此等朱基生存長久，如余上方所言者之故，此等
食他物，余若述之，則君等亦以爲怪物也。余告君等，此等人取水銀及硫黃混和之
爲飲料，謂可增年延壽也。彼等之年，亦實爲之增長也。余又告君等，彼等每月飲
次也。余告君等，此等人自幼即飲此，以增年延壽也。如余已述之人，其飲此硫黃
銀之混和物，始終無間斷也。』

此乃完全閒談之語，若譯文則決不致重複無潤色，至如是之情形者，吾等亦可
而推測此書，實爲遊歷家在基奴亞獄中之紀念品，自其口語而筆錄之者也。

第五十三節、　由各種證據，決定老法文版爲所有以後各版之源淵。

上節所言各種情形之外，尚有一事，亦足以證明法國地學會所刊之版，爲遊記本書以後各種譯本之淵源者。其事爲何？

馬哥孛羅遊記展轉翻譯，各種版本，不可甚數。試參觀而分辨之，其中有名辭拼法各異，然大體則不能逃出一式也。

如本書序言第十七章及第十八章所言之蒙古婦人名字，依東方音確當之拼法，當爲布魯干（Bulughan）（元史作卜魯罕）及庫喀清（Kukachin）鮑梯氏（Pauthier）版所依據之寫本，則拼爲博爾加拉（Bolgara）及擴格脫拉（Cogatra）。劈劈奴譯本所據之寫本，及以後復依劈劈奴之本，如賴麥錫之版等而刊印者，其拼法稍爲近眞，作博爾格那（Bolgana）或巴爾格那（Balgana）及科格新（Cogacin）。詳攷此等拼法，博爾格那也，巴爾格那也，博爾加拉也，擴格脫拉也，科格新也，皆見於法國地學會版內。

波斯凱嘉圖汗之名，見諸鮑梯氏版內，作嘉陀（Chiato）劈劈奴版，作阿克圖（Acatu）賴麥錫版作嘉克陀（Chiacato）所有此三種拼法，嘉陀（Chiato）也阿嘉圖（Achatu）也嘉克圖（Quiacatu）也，皆見於法國地學會版內。

科巴南城（Koh-banan）之名，見諸鮑梯氏版內，作克巴南脫（Cabanant）劈劈奴及賴麥錫二家之版，作科必南姆（Cobinam）或科必南（Cobinan）二種拼法，皆見於法國地學會版內。

大汗都城，曰汗巴力格（Khanbalig）鮑梯氏版曰康巴魯克（Cambaluc）劈劈奴及賴麥錫二版，稍爲離奇，作康巴路（Cambalu）二種拼法，皆見於法國地學會版內。

中國人稱緬甸邊陲原來居民，曰金齒部，蒙古軍隊內之西方武官，譯中國文爲波斯語曰，柴但但（Zardandan）鮑梯氏版最近於眞，作柴但但（Zardandan）唯劈劈奴版，作阿但但（Ardandan）他本有更訛作阿克拉丹姆（Arcladam）者。二種拼法，皆見於法國地學會版內。其他類此者甚多，不難一一枚舉。然此數者之揭出，余意已足証明法國地學會所刋之本，實爲鮑梯氏及勞勞奴氏二種版之淵源也。

關於法文原本之研究，吾人可參觀前章羅斯梯謝奴及其法文諸著作攷也。至近代吾人得有確當證據，馬哥孛羅遊記最先所用文字，乃法國古代土語（Vulgari Gallico）也。

第五十四節，當時法文之普行。

其他事實，足以証明法文爲其最先所用之文字者固多，然終以書中內容各種證據，最爲可恃也。現存之法文本，足以標明當時筆錄之原狀也。著書而用法文或似是而非之法文讀者有疑難而訝異者。然若詳攷當時社會情形，實有不足異者。法國語言文字在當時流布甚廣，較今世法文恐尤爲廣也。英吉利國王顯理第三世之廷中，文人著撰或翻譯席間閑談小說（Round Table Romances）皆以法文廷中官府往來，多以法文，亦一例也。一千二百四十九年，（宋理宗淳和九年）蘇格蘭王亞歷山德第三世加冕時，用拉丁文及法文以宣誓。一千二百九十一年時，（元世祖至元二十八年）英國首相宣言於蘇格蘭議會，亦用法文。晚至一千三百二十八年時，（元文宗天曆元年）英國牛津大學諸校，尚發告令，命學生用拉丁及法國語相問答。該世紀之末葉，英國詩人戈歐（Gower）作詩，尚用法文，雖不高明，然猶好用之。戈歐嘗自作詩數語，言對於法文不能深造，而自抱歉也。

詩曰，"Et si jeo nai de Francois la faconde
jeo suis Englois; si quier par tiele voie
Estre excuse."

一千三百八十五年時，（明太祖洪武十八年）英國初等小學教師，猶命學生將拉丁文課程，用法文以解說之也。阿施西（Assisi）地方聖徒聖佛蘭錫斯（St.Francis）者，依其傳記家之記錄，謂其因法文便於貿易，且少時卽暗習之，故改依法名，曰佛蘭賽斯哥

（Francesco）云。東征十字軍中皆通用法文，十字軍所樹立之諸法蘭克族各朝廷，如耶路撒冷敘利亞濱海各邦等，西勃洛斯島（Cyprus）哲代內朝（Courtenay）時代之君士旦丁堡朝廷，及摩利亞（Morea）各小國，法文皆普行庭中。加塔蘭（Catalam）國之將軍兼歷史家蒙大內（Ramon de Muntaner）氏，嘗記摩利亞勇士善操法語，幾與巴黎市民無異也。五十餘年後，馬黎諾里（Marignolli）記謂阿雷陂（Aleppo）（在小亞細亞）地方居住之基督敎徒，尙操似是而非之法語也。約翰曼德維（Sir John Maundeville）之記載苟可信，則埃及國大蘇丹，及其四相，皆精操法語也。合贊汗（Ghazan Kaan）爲波斯令主，遊歷家孛羅氏嘗自汗八里陪新后至波斯，嫁之，拉施特（Rashiduddin）謂其亦能稍知法蘭克語，大約卽法文也。若依著英王理嘉德冒險談（Richard Coeur de Lion）者之說，則其時法文之用，其界尤爲高廣也。

當時著述東方事情，非法人而用法文者，固不獨孛羅氏一人爲然也。曼德維自述，謂其書乃先自拉丁文記載，譯作法文，復自法文而重譯爲英文也。一千三百零七年時，亞美尼亞王兼僧人海敦（Hayton）在波克梯（Poictiers）地方口授東方歷史於尼古拉斯福爾康（Nicolas Faulcon）時，實用法文記載也。其他外國人用法文以著述者，不可僂指，而尤以當代意大利之著作家爲最多也。十三世紀初，葉孟退克西奴（Monte Cassino）寺僧某，奉瑪爾塔（Malta）伯爵之命，將前同寺僧班內狄克丁阿馬拖（Benedictine Amato）之拉丁文紀年史譯成法文，謂『可以便普通讀書人之解釋也。』馬丁奴達克那雷（Martino da Canale）孛羅氏同時之同里人也。當孛羅氏離威尼斯市居東方時，嘗用法文著威尼斯紀年史一書。克那雷自謂法文普行，故以法文著書也。意大利詩聖但丁（Dante）之師，伯魯內拖拉丁尼（Brunetto Latini）著圖書集成（Li Tresor）一書，亦用法文，極博當代之歡迎者也。其他類此之例，不可勝計，吾人亦不必一一爲之表彰。羅斯梯謝奴所編輯之冒險小說，亦皆以法文著成者也。

然則法國地學會所刊遊記本書之法文較之羅斯梯謝奴其他之著作，何以文筆優劣相差若是乎？此問難荅，余至今，尚百思不得其解也。或者此爲當時馬哥孛羅之口語，羅斯梯謝奴之筆錄草稿，（九十三）尚待以後之修飾者也。若此揣測而確然，孛羅何爲而用法語講述乎？孛羅氏之本鄉威尼斯土語，經居留東方多年，混亂疏忘，或爲羅斯梯謝奴所不了解，故不得不用法語互通問答也。余嘗遇英國人與荷蘭人，言語各不相通，情迫而用馬雷語交談者，中國內地各省言語不同，各地基督教信徒，有不得已而用英語以開會演說者矣。愛爾蘭島民之愛爾蘭語不能普行，亦有用英語以互通者矣。

（註九十三）羅斯梯謝奴之草稿，倉卒寫成，內簡縮寫法甚多，當時或交書記重抄，而書記則於法文全無知識，故錯誤百出也。否則 Pelerinage 之作 Perlinage，espiceries 之作 Peseries，toucher 之作 Thochere 與 Proque 及 oisi 等字，何以謬誤若此乎？

中世紀之著作家，甚多口述而使他人筆記者。其中非無能文之人，而一時風尚使然。若確知此類著述家之數，亦未始不無興味也。亞美尼亞王海敦(Armenian Hayton)以博覽典籍，聞於當時，所以口述東方歷史者，或以不知羅馬之字故也。然哲痕維(Joinville)固當代文豪，而亦以口述，例誠異矣。中世紀所稱四大旅行家之紀載，(九十四)似皆他人請迫，故口述其事，而他人代爲執筆，錄於紙上也。當時人之不好文，不好名，亦可知矣。或者此風，乃地中海一帶諸國人之素性，不好用筆弄墨之故歟？攷此素性，雖至於今，該處人猶爲然也。甚至高貴良善之人，設法阻其鄰居友人之用筆，而不覺其爲擾擾也，

(註九十四)中世紀所稱四大旅行家者，乃馬哥孛羅、鄂多利克大僧(Friar Odoric)、尼哥羅康梯(Nicolo Conti)及依賓拔都他(Ibn Batuta)也。

第十章　馬哥孛羅遊記各次刊行版攷

第五十五節，　最著名四種刊行版。第一種，法國地學會版，或名老法文版。

攷求馬哥孛羅遊記各次刊行版事，甚煩而極無興味也。所有各版傳流至今者，約

略可分爲四種也。

（甲）第一種爲法國地學會刊行版，前已屢言之矣。現今此版，多已不全，唯巴黎圖書館所藏之寫本，則爲完全。據云此本乃先藏於白勞耳（Blois）地方法國國王私家藏書處者。意大利克魯斯克（Crusca）版及老拉丁文翻譯本，與法國地學會本同印者，（巴黎圖書館第三千一百九十五號本）雖多有簡節之處，然其完全取材於地學會本則甚明也。克魯斯克版及老拉丁文譯本內章節各有不同，此可證明二書非互譯者。然二書則皆間接自某意大利本取材。一則抄寫，一則翻譯也。拉丁文譯本，與克魯斯克版有重要不同之點，拉丁文本內，分爲三篇，而克魯斯克版則無是也。於遊記本書後附錄庚內，余將各種刊版系統列爲一表，所以示各版之關係者也。

由此種而發生其他意大利寫本甚多。內有數本，似直接譯自法文本者，然余未詳加考察，故不能表示何種意見也。

第五十六節， 第二種，改訂之法文版爲鮑梯氏版底本。

其次之版，則爲鮑梯氏所依據之法文寫本、鮑梯氏爲研究該本之專家，謂該本寔得遊歷家本人之允許而改訂者也。依余所考，約有寫本五種，皆歸此第二種內。其三種，則皆存於巴黎大圖書館內，一藏瑞士京城伯恩（Bern）而第五種則藏於伯得雷圖書館（Bodleian）內。鮑梯以巴黎所藏三本爲底本。三本中有二本，皆證實爲馬哥孛羅親捧贈於梯抱賽波愛者。此事前第四十五節，已詳言之矣。依此攷證，鮑梯謂原本及依原本而抄寫者，皆得馬哥孛羅之親自改訂，或得其允許而改訂者。攷此類各本之內容，與鮑梯氏所言者，尙多吻合。然錯誤之處尙多，固不如鮑君所言之美。鮑君固亦因此而生無數奇說也。

若恃此攷證，即冒然斷定此種寫本以前，遊記本書別無他種本，則其說誠難行矣。蓋前章已判定法國地學會所刊行之老法文版，爲最初最實之本，爲以後各種譯本之淵源，即最先之意大利與拉丁本，亦皆出此，而與改訂法文本無關，其內容固無毫厘借自改訂本也。該二本所謂之證據，亦誠難以解矣。

達維察（d'Avezac）與保祿巴利二君，疑謂馬哥孛羅親贈與賽波愛公之書，卽地學會本，其所以與第二種書不同者，因轉錄時，變爲純淨法文故也。然詳加攷究，則此說殊爲不然也。二書不同之點甚著，難於容此解說也。其不同之點，固不獨在粗陋不明與半意大利字之改正爲當時佳法文也；新書中截略重複甚多，或有將重要諸節，亦刪除者；原書中錯誤而被刪除者，亦時見之，稍重要而加入者，亦有之。遊記本書第四卷歷史諸章，凡此種之本內，無一載有至多章者也。

其加入重要之章，卽此次刋本中第二卷第二十一章也。該章所述事甚多，然皆重複，散見於以前諸章中者，此不過重述而已。此外稍增入者，亦有數處。一一標示，則不免贅疣之譏，略舉二三，列之下註，斯亦可矣。(九十五)

（註九十五）本書序言第十八章內，此種寫本，亦標舉英吉利國王在內。第二卷第一篇第四章，述大汗與乃顏開戰時，韃靼人弄二弦胡琴，以待開始攻擊戰令，法國地學會版內，不載此處，而見諸他章。

第三卷，第二十五章，述麻羅拔王國(Malabar)謂往埃及亞力山德港之貨船，不若往東方者什一之數，老法文版內，不載此。

第三卷第二十二章，述俱藍國(Coilun)載中世紀盛傳之哥倫比薑(Columbine ginger)老法文版中，不載此。

法國地學會版內，尙有一二錯誤之節，似非出於偶然者，新版內，皆爲改正，故頗似重加訂正之工也。如述亞丁港處，(九十六)似誤會紅海爲一河者。鮑梯氏之甲乙二底本內，皆删除。該二書內，尙有一二名辭，(九十七)不見於舊本，頗有趣也。

(註九十六)參觀遊記本書第三卷第三十六章，又本書卷一第六章，誤會波斯灣爲一河，亦大誤而特誤。孛羅氏腦際或懷一波斯文字達利亞(Darya)也。該字義可爲海，亦可爲大河，因此而誤會，亦未可知也。又波斯字歇爾(Sher)意義亦易啟疑，因此而致孛羅氏於本書卷二第十八章，將獅與虎錯誤也。

(註九十七)如卷一第十八章，巴及地爾(Pasciai-Dir)及阿里鄂拉克什迷爾(Ariora Kesciemur)二地名，皆不見於舊本也。

此類寫本內，名辭錯誤甚多。蓋地學會版內，同一名而有二式，此則取其劣者，或自

生錯誤者。(九十八)

(註九十八)此種寫本內名辭聲音之錯誤，約略如下：以博爾加拉(Bolgara)代博爾格那(Bolgana)以擴格脫拉(Cogatra)代科克濟(Cocacin)以嘉陀(Chiato)代凱嘉圖(Quiacatu)以克巴南脫(Cabanant)代科必南(Cobinan)等。此等雙式名辭，法國地學會版內，皆有之。唯新版類寫本，則皆取其劣者而已。其他又如愛撒拿(Esanar)代正音額濟納(Etzina)鶻斯空(Chascun)代可疾云(Casvin)阿查雷脫(Achalet)代阿克巴雷克(Acbalec)撒但蘇(Sardansu)代成都府(Sindafu)開頭(Kayteu)開通(Kayton)撒空(Srcon)以代才通(Zaiton)或開通(Caiton)肅克脫(Soucat)代羅克克(Locac)法雷克(Falec)伐肥雷克(Ferlec)其他類此者尚甚多，唯皆以劣名辭代優名辭耳。又大洋(Mer Occeane)誤作西洋(Mer occident)起兒漫沙漠(Kerman Desert)內之野驢，(Asnes)誤為野鵝，(oes)孟加剌之太監，(Escoillez)誤作學士，(Escolier)(參觀本書卷二第五十五章孟加剌省)。非洲之麒麟(Giraffes)誤作丁香。(girofles)諸如此類，難以枚舉也。

鮑梯氏深加意於此種寫本之性質，謂為馬哥孛羅所親改訂，獨一無二之確本。前節已詳言此類改訂亦僅草草粗工，且多他人代爲，對於原本多截略冗章，及文辭修飾而已。著書本人，對於舊本亦未得詳加研究也。

第五十七節，　瑞士伯恩市之寫本，及他二本，爲第二種版之附屬系。

此種版，顯然分爲二系。其中特異之點，與錯誤之處，多有相同，蓋皆必由同一原本發生者。然二者之中，亦有不同處，不能謂爲抄寫時之偶爾錯誤者。斯亦誠奇矣。鮑梯氏甲乙二種寫本，（書後附錄己目錄內，第十六第十五二號。）爲一系。鮑氏丙種寫本，（附錄己內第七十號）伯恩市之寫本，（第五十六號）及牛津大學寫本，（第六號）又爲一系。鮑氏甲乙二種寫本內之不同處，似皆出於抄寫者之怪想，或由於其方言適異之故。若取甲乙二種，而與兩種互相參證，則其不同之點大矣。丙種內之人地名，較之甲乙二種，其拼音多爲正確，然亦有不如之者。書之後部，有多要節，皆見載於法國地學會版本內，而鮑氏之甲乙二種寫本，皆（九十九）完全不載。又關於攻圍襄陽城歷史，（見第二卷第七十章）一節，與地學會版，及甲乙二種，皆大相（一百）逕庭焉。

（註九十九）鮑氏甲乙二種寫本完全缺略諸節，共有三十五處。

（註一百）伯恩市之寫本，依余考察，實為巴黎丙種寫本之抄本。

牛津大學寫本，與前二種相同。余未得詳細考察，故不敢言其為前二種之抄本也。

由各種事實，故知兩種寫本，較之甲乙二種為古。以余意度之，甲乙二種寫本，實由丙種古本發生，而加改訂者。兩種寫本，與伯恩市所藏抄本，實為此版之真實代表。伯恩市抄本，載有該書獻與賽波愛公之証文。

第五十八節， 第三種，劈劈奴大僧正之拉丁文版。

次版為大僧正劈劈奴之拉丁文繙譯本（一百一）。此類寫本為最多。其中所節略與刪除者，較之第二類版為多。此版亦分本書為三卷。此種分配法，似非出於劈劈奴。蓋前節所云第一種版粗劣之舊拉丁文本中，亦有之。前節已証明此粗劣拉丁文實譯自意大利文本。意大利文原本，或亦如此分配，而為地學會拉丁文本與劈劈奴之節本所從出也。

（註一百一）大僧正佛蘭賓斯科劈劈奴（Francesco Pipino），者意大利波羅那市人也。（Bologna）爲多蜜尼根（Dominican）派敎徒。嘗著編年史一書，上起佛蘭克諸王下至一千三百十四年止。其書卷帙頗多。伯那特（Bernard）所著法國征服聖地史劈劈奴嘗譯之爲拉丁文又嘗著一千三百二十年參觀聖地記一書。摩拉托利（Muratori）圖書集成嘗摘錄劈劈奴之編年史與伯那特史譯文。劈劈奴自謂馬哥孛羅遊記之繙譯，實奉長僧之命。此或於一千三百十五年波羅那僧正會議後，而有此命也。賴麥錫謂此譯，實成於一千三百二十年。所據之理由，不得而知，然賴氏或有所據也。

劈劈奴之繙譯，成於孛羅氏之晚年。巴爾德利波尼（Baldelli-Boni）與邊康尼敎授，（Bianconi）謂該譯文孛羅氏嘗知之，而自加改訂者。然此說究何所據，余不得而知矣。

第五十九節，格里尼斯（Grynaeus）之拉丁文繙譯，爲第五次重譯本。

中世紀印刷法未興，出版書籍，頗爲不易。故孛羅遊記一書，經輾轉繙譯，頗失原義。如格里尼斯于一千五百三十二年，在瑞士巴塞爾市（Basle）出版之 Novus

Orbis 書內之孛羅氏遊記與劈劈奴拉丁文本，頗有不同之處，然其以劈劈奴本爲底本，顯然可証明也。蓋此書實由劈劈奴之譯本，而三次重譯之爲拉丁文也。（馬斯敦 Marsden 謂由葡萄牙文劈劈奴譯本。）書內略有變換，至於數目價値詳細之說明，大半删除，各處名詞不同者，及各種動物之說明，皆爲前後劃一。書內有爲編輯人所不信者，皆加改正。然頗有差誤之處，足示編輯者之淺學，與自恃太過也。故此書若以爲底本，則全不足恃。麥樓（Andreas Müller）氏於十七世紀時，刊印孛羅遊記，博證羣書，號稱精密，而乃將此第五次重譯之本，復刊行之，斯亦奇矣。十六世紀中葉所刊行之法文孛羅遊記多版，乃譯自格里尼斯之本。故此繙譯，先由法文而成意大利文，復由意大利文而成劈劈奴之拉丁文本，更由劈劈奴本而成葡萄牙文，由葡萄牙文而成格里尼斯拉丁文本，由格里尼斯拉丁文本，更轉譯爲法文，本輾轉繙譯，循環周流，原爲法文，至末則復譯爲法文，誠爲奇事，因此散失原義頗多也。（一百二）

（註一百二）小說家狄肯斯（C. Dickens）氏，常將此事比之遊歷歐洲大陸，身上攜有資金一磅，（合二十先令）道經各國，迭次更換，歸回杜威港（Dover）時，僅餘十二或十三先令而已。孛羅遊記最初與最後之譯本。其價值槩亦與狄肯斯所言之資金相同也。

第六十節，第四種，賴麥錫之意大利文版。

此外尚有一版，與以前所言者，迥不相同。其歷史與眞情，至今尚未明瞭。蓋即賴麥（一百三）錫（G. B. Ramusio）之意大利文譯本也。該本頗有興味，其導言中錯誤之處，亦頗不尠。書於賴氏死後二年，刊行於威尼斯市，爲航海紀程叢書（Navigation Eviaggi）之第二卷。

（註一百三）賴麥錫氏家族，數世皆有文名。父曰保羅（Paolo）其父於一千四百五十八年，（明英宗天順二年）由原籍里密尼（Rimini）移居威尼斯，爲律師，有令名。與其弟吉羅拉摩（Girolamo）皆以能文稱於世。賴麥錫（G. B. Ramusio）於一千四百八十五年，（明憲宗成化二十一年）生於脫萊維沙（Triviso）地方。伯梯斯他早年入宦。一千五百三十三年，（世宗嘉靖十二年）爲威尼斯市十人會議（Council of x）秘書之一。最好地理學，家內有私塾，專攻地理學。休職後，退居柏多亞（Padua）市鄰近賴麥錫氏之私邸。一千五百五十七年（嘉靖三十六年）七月十日卒於該市，葬於威尼斯市聖麻利致堂。(S. Maria Dell, Orto)威尼斯市大議會廳內常懸其像，像為美術家保羅偉羅尼斯 (Paul Veronese) 所繪。一千五百七十七年（神宗萬曆五年）時，大火，遂即散失。近代斯苦多廳內 (Sala dello Scudo) 所見賴麥錫之像，與其同市人馬哥孛羅之像，皆為臆想之像。賴氏之子，保羅賴麥錫 (Paolo Ramusio)（與祖父同名）嘗著君士旦丁堡陷落史 (History of the Capture of Constantinople) 一書。

此類版內特異之處，較之他書，尤為顯明。然賴麥錫似亦依據劈劈奴拉丁文本者。其中如游記本書分章法，末尾歷史諸章，及言波斯賢王 (Magi) 諸章，皆為刪除。各種名詞格式，皆足証明予說。尚有甚多事實，及其逸話，皆新加入者，甚多名詞，亦俱新式。全書內容，頗為豐富，文筆亦較之其餘各書為佳。

其中改訂之處，或新加入者，似乎不近真確，其餘多載亞洲事情，或歷史，與馬哥孛羅之閱歷，概（一百四）皆出於游歷家本人之手，恐非他人所得杜撰也。巴爾德利克拉勃羅特 (Klaproth) 諾爾曼 (Neurmann) 等，皆主此說。然麥雷 (Hugh Murray) 拉散里 (Lasari)

及巴托里（Bartoli）等,皆謂所改者,爲他人之作。拉散里謂全書爲賴麥錫時代之僞。所加入者,不獨取材於孛羅氏同時人海敦王之遊記,即後代遊歷家如康梯（一Conti）巴波沙（Barbosa）劈加肥他（Pigafetta）之遊記,亦皆參及也。拉散里此說,不免出之武斷矣。其所據之理由,拉氏未曾宣布,余亦未得詳考也。書內稍有晚代風味,尤以各種名辭爲然,似乎編輯人考證有與今名相同,即換以新名者。凡此類事,余亦承認其有之也。在昔編輯人之責任,未明晰時,此種弊病,尤爲甚也。

（註一百四）馬斯敦時,老法文版,尚未發現,故此說於彼不成問題。

第六十一節, 賴麥錫版內之無意識改竄。

舊本內之巴斯脫拉（Bastra）或巴斯克拉（Bascra）易以較新之巴爾索拉。（Balsora）此名屢見於天方夜談中,然實誤也。波斯某省名,舊本讀依斯但尼脫（Istanit）而更以斯班（Spaan-Ispahan）（即亦思弗罕）考爾姆斯（Cormus）易以鄂爾穆斯（Ormus）（即忽里模子）黑美尼亞（Hermenia）及拉雅斯（Laias）易以亞美尼亞（Armenia）及基亞察（Giazza）舊本考倫姆（Coilum）易作科拉姆（Coulam）（即俱藍）斯葛脫拉（Scotra）易以索科泰拉（Socotera）此種變易以外，尚有各章之名目，亦多有更易。顯然爲新代之產物，或即賴麥錫所自作者也。編輯人竄改精神，不免過甚。至有完全誤改者，如麻羅拔（Malabar）地方，於某章內，改作馬八兒（Maabar）又於某章內，改作達里華（Dalivar）則更爲誤矣。馬哥孛羅之年歲，於其父初次歸威尼斯市時，爲十五歲，強改作十九歲，以圖合於某年月，殊不知該年月，即已誤矣。又竄改謂孛羅氏自記忽里模子爲一嶋，與舊本所載及事實，皆相反。考忽里模子於孛羅氏歸自東方後數年，始移至島上，商務繁盛，馳名四方也。又編輯人或自知高架索有油井，而乃強改船運爲陀運，（參觀本書卷一第三章末節）而不知孛羅氏所言之地，或爲今裏海岸之巴庫（Baku）產油區也。

其他差誤之處，如謂汗八里之宮殿，用玻璃爲窗牖之裝飾品，或爲偶爾誤會所致也。

第六十二節，賴麥錫版內奇特之記載。

賴氏版之孛羅遊記，尚有奇特諸節為他版所無者。考此諸節之加入，若非出自孛羅氏所親為，實難於解說也。例如野司特(Yezd)東之森林，全為棗樹之詳明。(參觀本書卷一，第十六章。)波斯用地下河渠充灌溉事，言之確鑿，並無錯誤。(參觀卷一，第二十章。)說明沒里奚(Mulehet)(名見元史)之名施於亞薩新派(Assassins)教徒，無些微之差誤。(參觀卷一，第二十三章。)拍米爾(Pamer)高原有湖，(錫利庫兒湖? Sirikul)豺狼成羣，以野羊為食，居民用野羯羊之角，堆於雪中以記地域之分劃。(參觀卷一，第三十二章。)各版皆記西藏之犂牛，唯賴麥錫版，獨更記土人用犂牛與普通牝牛，雜交而得新種事。自是以後，無復有他書記其事者，至本世紀時，遊歷家蹤至其地，乃始復有記其事者。(參觀卷一，第五十七章)賴麥錫版獨記葉爾羌地方多的瘤疾，晚近遊歷家證實其事。(參觀卷一第三十五章)賴本又獨載大汗硃印在中國通用寶鈔上事。余嘗得明代寶鈔，亦如是。(參觀卷二，第二十四章。）中國各處方言不同事。（參觀卷二第八十二章）分船體爲數防水小室。（參觀卷三第一章）由埃及國潔糖法傳入中國事。（參觀卷二第八十章）賴氏版內又記成都府城地位，四周有山。城內爲一大河之支流分劃爲甚多區城事。參比近代遊歷家之記載，頗爲正確。較之舊本所載，謂僅有一大河貫流市之中部者，其說優多矣。大汗鴻慈婆心，好施恩惠於貧民，孛羅氏謂爲崇拜偶像或佛教所致，誠爲慧眼深識矣。中國人迷信星相家之說，及中國之風土人情，唯於賴麥錫版本內見之，他版皆無也。巴達克山高原空氣清潔，風景如畫。馬哥遊至該地，身體爲之康健，心神爲之怡樂。所記雖甚節略，而此形此況，今猶如在目中。使非馬哥孛羅本人或與其同伴中之一人所爲，更復有何人能言之若是乎？此版中又獨記忽必烈大汗之回教臣阿合馬（Ahmad）濫施威權，迫虐百姓，契丹人起反抗而殺之。馬哥孛羅於諸事發生時，皆親見之。所記全章，皆與中國正史相合。即首謀反抗人之姓名亦合。不獨是也，中國正史，更記樞密副使孛羅之勇敢正直，啓大汗之眼，（一百五）使知眞情也。

（註一百五）中國元史作王著（Wang cheu）賴麥錫本作萬珠（Vanchu）余意孛羅氏 Vanchu 之讀音，與英文拚讀法相同，蓋威尼斯土語中 ch 音，正與英文相同也。然賴麥錫本他處 ch 之讀音似此者，實雖得有一二。有之其唯首音例如靑乞塔拉斯（Chinchitalas）又如阜支（Choich）字內二次皆如英文 ch 讀法也。

邊康尼教授，（BiancOni）研究馬哥孛羅遊記甚爲熱心，考證羣書，號稱極博。嘗謂賴麥錫版內所增加者，並無眞確事實，不過口碑所傳孛羅氏之逸話而已。然阿合馬事一章，信確如鐵案，斷不能以邊康尼教授所說者例之也。

此外相類之事尙多，不難一一揭出，然上節所言者已足矣。賴麥錫版內多節，言辭條順，文氣亦醇。參比以前諸版，恐非孛羅氏所能作也。或者此版之大部，爲重譯之文。編輯人參合其他數種公牘，成爲是版。因之而文辭欠修之處，（一百六）悉被刪棄也。

（註一百六）老孛家司（Old Purchas）嘗將賴麥錫之功勳，大表彰而出之，其言曰，『余見哈克魯易脫先生（Master Hakluyt）將拉丁文本之馬哥孛羅遊記譯成英之矣。諺曰，盲者引盲，二人俱陷于井，哈克魯易脫先生之謂也。拉丁文本卽錯誤百出，無怪乎英文譯本亦多錯誤也。賴麥錫者，威尼斯市十人議會之秘書也，嘗得有孛羅遊記佳本而刊行之，較之他版面目燦新，迥然不同。諺曰老朽房屋，不若拆而重建，然後修葺之，粉飾之。賴麥錫氏有之矣。若鄙人有見於斯，則亦效賴氏之爲也。拉丁文版較之賴麥錫氏之版，蓋猶黃銅之與黃金也。讀拉丁文版之孛羅遊記，僅得見其屍體白骨而已。有時恐白骨且不得見，僅頑石而已。書中所言淆亂，與原文相反，文氣不接，體裁亦紛，不可言狀。吾嘗見著書之人，難以成章者固多，然顚倒錯亂，未有如土語拉丁文版孛羅遊記者也。孛羅氏三人歸威尼斯後，幾於湮沒無聞。賴麥錫使亞洲之北辰，晦而復明，自泥淖中復拔而出之，其功亦不鮮也。』

第六十三節（一百七），賴麥錫版源來之各說。

書中難解之處固甚多，然此版之源來，（一百八）或者孛羅氏晚年，於其書中，增加註解與日記於邊，而此書遂爲後人所得，融貫後，譯爲拉丁文，賴麥錫或其友編纂航海紀程叢書時，或參觀劈劈奴之孛羅遊記，而將上方所言之名詞及事實皆加改正也。鄙人之意如此，是否有當，尙祈後之讀者詳察焉。要之融貫其註解，與參酌他譯本，可將書中誤處解明其大半也。

（註一百七）書中難處其最顯著者，約列如下：

（一）孛羅遊記全書中，皆言忽必烈大汗仍生在君臨中國而此書則言其已死。（見遊記本書序言第十八章註。）

（二）麥雷氏（Hugh Murray）謂孛羅遊記舊版中，皆言忽必烈大汗爲全無過失之君主，而賴麥錫版中如阿合馬一章，則似乎誹議忽必烈大汗者，頗有疑義也。

（三）麥雷氏又謂賴麥錫版中，言遊歷家嘗觀覽京師（杭州）之中國國王宮殿。麥雷氏謂馬哥爲蒙古政府之官吏，其地位恐不能享此權利也。（參觀遊記本書第二卷第七十七章。）

若設想賴麥錫版內所增加者爲老馬飛孛羅之親筆註解，則所有各種難題，皆迎刃而解矣。

賴麥錫版內有一節似乎將增加之註解與原來之註解混用之日期表明者，撒馬兒汗章（參觀游記本書卷一第三十七章）。各舊本內皆言察合台王奉回敎『爲不久之事』，而賴麥錫版內定爲『已一百二十五年矣』。孛羅氏於一千二百九十八年，在基奴亞獄中口述遊記時，斷不能言此數，即孛羅生時，無論何年皆不能言此數也。或者原註內有一日期，編輯人改以適其編纂之時期，約十四世紀時也。

（註二百八）賴麥錫第一次版，其序文中有數言爲以後重印時所删除。鄙意第一次版旣爲賴麥錫死後所刊行，此事亦不宜删除之也。賴氏序曰，

『余編輯時得拉丁原文馬哥孛羅遊記一本，其舊非常，蓋或直接抄自馬哥孛羅所親藏者。余將其與本城貴人克基西（Caghiss）君所借給予之一本互相比較，然後刊行之。』

賴麥錫繙譯時，嘗參酌多書，於賴氏版中之一節，尤可見之也。例如遊記本書卷二第二十章註中，舊法文版誤將皮王之名（Roi Des pelaines-King of Furs）加之貂皮，克羅斯加版內變爲幻想之韃靼語 Leroide Pelame 劈劈奴改作 Rondes（此又一證，劈劈奴之繙譯，與克羅斯加版實同一源流。）賴麥錫版內，其正確讀法，與倒變法皆詳載之。"E li Tartari la chiamano Regina delle Pelli"（此爲正確讀法）

"E gli animali si chiamano Rondes."（此爲變更處）

由賴麥錫之譯文觀之，可知賴麥錫所參觀之書中，必有威尼斯土語譯本也，因其

譯文中,有甚多名詞,用威尼斯音拼成者。原文中 ch, ja; 或軟讀之 g 皆改作 z 例如
"Goza, Zorania, Zagatay, Gonza" (代 Giogiu) Quenzanfu Coiganzu, Tapinzu,
Zipangu. Ziamba。

第六十四節, 孛羅遊記各版總說。

總而言之,法國地學會版,以鄙意度之,爲遊歷家在基奴亞獄中口說之眞正文字也。第二類各種寫本曾經校對修飾,當時得馬哥孛羅之指教,亦未可知也。而最後之賴麥錫版,其內有遊歷家晚年所增加之日記與餘錄,惟因迭次繙譯與編纂,以致原義散失,紛亂不堪。

其次最要之問題,即爲尋獲賴麥錫所取材之寫本。此本至今或仍存於世,惟欲得全書,恐不易易。(一百九)鄙人於編纂遊記後,在威尼斯某圖書館獲得游記寫本一書,其中稍載賴麥錫版內特殊之文。

(註一百九)羅馬巴白里尼 (Barberini) 圖書館內,藏有威尼斯土語孛羅遊記一本。書前之空紙上,鐫

有下文云"Alcuni Primi Capi del Libro di S. Marco Polo, Copiati dall esemplare Manoscritto di Paolo Rannusio。"余初見之，以爲賴麥錫原版內所散失者，於此可復得之。後加參觀，方知無甚大用。聖白雷斯（St. Blaize）在色巴斯待（Sebaste）地方節殉事一章，初以爲賴麥錫版內獨有之，後見地學會拉丁文版內亦載之。拉撒里指出其他所謂賴麥錫版內特殊之一節，（參觀遊記本書卷一第五章最後節。）西葛那（Emanuel Cicogna）所藏節本拉丁文孛羅遊記寫本內亦載之。一千八百七十年，余在威尼斯時，詳讀此寫本一過，時期雖甚急促，然所得結果，頗有奇異者。余見此寫本內，不獨一節，而實則最少有七節，前此皆以爲賴麥錫版內所特殊者，皆見之於此。故斷定賴麥錫編纂時，必曾參攷此書。然賴麥錫版內所增加最要之數節，如阿台馬暴政一章，及京師城附錄一章，皆不載之。所言之七節如下：

（一）卓支亞章內，阿巴庫海（Abacu）之名，爲賴麥錫本內所特殊者。（參觀本書卷一，第四章，註八。）

（二）本書卷一，第四章，阿維基（Avigi）之名，僅見於賴麥錫本內。（參觀本書卷一，第四章，註五。）

（三）毛夕里'Mosul）章後，另有短章，亦爲賴麥錫本內所特殊者。（參觀本書卷一，第五章，最後節。）

（四）本書卷一，第三十五章，達見看章。（即葉爾羌章內有數語，亦爲賴麥錫本內所特殊者。參觀本書卷，第三十五章）。

（五）羅布（Lop）沙漠章內，有數亦語爲賴麥錫本內所特殊者。（參觀本書卷一第三十九章末節。）

（六）本書卷一第六十章開頭一語，亦爲賴麥錫版內所特殊者。

（七）本書卷一第六十一章，有數語亦爲賴麥錫本內所特殊者。

第六十五節，　愛爾蘭文孛羅氏遊記譯本之發見。

孛羅遊記諸寫本外，尙有愛爾蘭文譯本，頗有興味，亦不可忽也。此本爲立斯摩（Lismore）叢書之一，的文歇爾公爵所藏。此書寫於大犢皮紙上，字蹟清秀。貯於木匣內，與牧師上方丈一枝，共藏於李斯摩山寨內。寨發現後，所藏書籍，遂皆一併復見於世。內有各聖之傳記，沙理曼大帝之傳奇小說，浪巴特之歷史，愛爾蘭迭次戰役之史記，與逸話等書。復有馬哥孛羅遊記譯文。該書之全文及其散失諸篇，皆可見之於阿寇利（O'Curry）所著之愛爾蘭古代史料講義（Lectures on the Ms. Material, of ancient Irish History）第一百九十六頁。該講義刊行於德百林市（Dublin）時爲一千八百六十一年也。芬金馬克遂，（Finghin Maccarthy）與其夫人迦大隣肥次哲拉德（Cathraine Fitzger ald）好文學，故延四方文人，於一千四百六十年時，著此叢書。肥次哲拉夫人乃戴斯蒙（Desmond）第八代伯爵哲拉德（Gerald）之女也。孛羅遊記究於何時，譯爲愛爾蘭文，則不得而知。以臆想推測之，當於十五世紀時期內，在李斯摩寺內（瓦特福省 County of Waterford）所作者也。

余不識愛爾蘭文。嘗倩人節譯數章，乃知此本，譯自大僧佛蘭賽斯科劈劈奴之拉丁文原本也。

開始與末尾數章，皆已散佚。所餘者，約略如下：其言可與本書附錄所載大僧劈劈奴之序言參觀也。

『該城之王及諸酋。當時該城有大僧名佛蘭賽斯科斯者，有令德，聲聞於諸國，能通數國文字。諸顯貴，乃延大僧，使將孛羅游記自韃靼文（！）譯爲拉丁文。大僧曰，「費時於拜偶像及異端之書，余所惡爲也。」諸顯貴再求之，大僧曰「書中所言，雖皆異端之事，然皆眞確上帝之奇聞異錄也。讀者見此，蓋無不虔心祈禱，將此遐方異域悉化歸正宗也。其不虔心祈禱者，化導之功，亦皆歸諸烏有也馬哥之書，並無謊說，故余不懼之。余見其携帶聖教遺物而歸。將死時，猶肯誓謂書中所言悉眞確也。——馬哥者乃誠篤之人也。書中所載佛蘭賽斯科悉自韃靼文譯成拉丁文時基督降生一千二百五十五年也。」

次乃詳載亞勉貝克（Armein Bec）（小亞美尼亞）亞勑莫爾（Armein mor）（大亞美尼亞）毛夕里（Musul）討來修斯（Taurisius）波息達（Fersida）克曼地（Camandi）及餘諸地。最末章則言阿巴西亞（Abaschia）約略如下：

「阿巴西亞亦大國也。國有七王，劃地而治。有四王，崇拜眞主，額皆戴金十字，以爲標記。善戰。有三王，則崇拜偶像，而不信眞主，故常與前四王啓釁，日事干戈。又亞丁國（Aden）有蘇丹治理之。」

「阿巴西亞王，嘗欲往聖地，謁聖墓，諸貴人及其部下勇士，皆尼之曰，『不可往聖地，必經異端之國。異教之人，野獷成性，恐王之出，而不得見王之歸也。王之下，有僧正，可遣之代往瞻拜耶穌基督之聖墓也。往時可復使多齎金銀也。』」

其餘則皆散佚矣。

第十一章　孛羅人格及其書之品評。

第六十六節　中世紀旅行家中，孛羅獨最顯名之理由。

馬哥孛羅爲歐洲中世紀各遊歷家最顯著者，稱號爲遊歷家之王云。（King of Mediaeval Travellers）考其理由，蓋原其閱歷最廣，行程極遠，個人歷史最爲落拓，近於冒險小說中之豪傑矣。至於人品高尙及才具優長，則孛羅較之他人，皆遠不及也。

孛羅前一世，有佛蘭錫斯肯教會高僧，（Franciscan Friar）威廉盧白魯克斯[一百十]（William de Rubruquis）者奉法國國王聖路易（St. Lewis）之命，往韃靼朝廷。有遊記書，留諸後世，其行程亦遠，內容豐富，摸寫曲盡，慧眼遠識，評論得當，極文章之妙，窮心意所爲。以鄙意觀之，較之孛羅遊記，諸章優美多矣。然世人知盧白魯克斯之書者固甚尠，而評論之者，尤欠公正之語。其曲彌高，和者益少，[一百十一]古人所語，良不誣也。

（註一百十）達維柴（M. d'Avezac）謂世人多以盧白魯克斯爲白拉板脫省（Brabant）人，其實有誤。

(註一百十一)鄙人此次所纂孛羅遊記將此大遊歷家之名，悉作爲盧白魯克斯 (Rubruquis) 實則宜作爲威廉竇盧白魯克。(William de Rubruk) 竇者，(de) 法文貴族前之冠名也。本書作爲盧白魯克斯，并未深加斟酌，然英國最通行之名，則爲此也。蓋哈克魯亦脫 (Hakluyt) 及勃乞司 (Purchas) 兩君悉用此名也。哈克魯亦脫最先依勒姆雷大公 (Lord Lumley) 所藏斷章不全寫本，將盧白魯克之遊記，刊行于世。勒姆雷大公所藏之寫本，今似散佚矣。米歇爾 (Francisque-Michel) 及賴依脫 (Wright) 二君刊行盧路魯克紀行時，博引當世之各寫本證據，該確僅稱其名曰，維雷麥斯竇盧白魯克 (Willemus de Rubruc) 或僅作盧白魯克 (Rubruk)

先代著書者，復有數家稱其名曰里斯白祿克(Risbroucke) 或相類之名，而皆無甚根據。然由此以致後人誤會，以爲此大游歷家乃白拉班脫(Brabant) 省南部里斯白祿克(Ruysbrœck)人也。

然今法國所轄佛蘭竇斯 (Flanders) 省，尙有地方名盧白魯克 (Rubrouck) 者，人口約一千五百餘名，在杜腦省(Department du Nord) 哈賽伯魯克縣 (Arrondissemeut of Hazebrouck) 克塞耳區 (Canton of Cassel) 內焉。現暫以此地爲聖路易 (St. Lewis) 王大使發源地，待將來新事實發現時，再改正可也。聖俄摩（St. Omer）圖書館所貯中世紀官文甚多，皆涉及盧白魯克地方。里needed地方（Lille）科賽梅克君，（Coussemaker），嘗將各書所載盧白魯克之名，纂集一書，以公於世。遍覽各官文，載有盧白魯克之名者，頗不鮮也。如一千一百九十年時，有梯雷寶盧白魯克（Thierry de Rubrouc）一千二百零二年及一千二百二十一年，有高梯寶盧白魯克（Gauthier du Rubrouc）一千二百五十年時，有榮寶盧白魯克（Jean du Rubrouc）一千二百五十八年時，有烏脫曼寶盧白魯克（Woutermann du Rubrouc）皆與大旅行家同名，故疑大僧正威廉盧白魯克與上方所言諸人為同宗者，亦頗近於理也。達維柴君，嘗於一千八百六十八年之法國地學會所刊雜誌第二卷，第五百六十九頁至五百七十頁作有短註數語，蓋亦論盧白魯克者。鄙人所知，關於此事，皆得自達維柴君。鄙人所藏之論註，皆已散失，不可復得，故於此不能不作數語，以謝達君也。

以當時佛蘭寶斯情形觀之，即使大僧正威廉寶盧白魯克為該處之人，然可否視之為法國人，實亦疑難問題也。達維柴固嘗引證多書，以之為法人也。

（亨利玫狄補註）此事可參觀大英圖書集成（Encyclopaedia Britannica）玉爾先生所著關於此事之論文，又可參觀美人羅志意（Rockhill）所註盧白魯克紀行序言第三十五頁。

佛蘭竇斯地方，當時實爲法國國王之采邑，然此事與本問題無關也。施密德先生(I. J. Schmidt)爲研究東方學者大家，謂盧白魯克多怪誕思想，故對於此誠實可悅之大旅行家，多輕蔑之言。然倍歇爾教授（Prof. Peschel）所見則與鄙意相同。其言曰『盧白魯克紀行所載，全無怪誕之說，皆眞確事實，可謂爲中世紀地理學上之大貢獻也。』參觀一千八百六十五年出版之地理學歷史 Geschichte der Erdkunde 第一百五十一頁)

蓺心傳記家，如賴麥錫等，皆以孛羅氏比哥倫布，然吾人平心論之，威尼斯之遊歷家，有些微天才，高尙熱誠，可與哥倫布比擬者乎？哥倫布以天賦聰明，先知先覺，爲人類之明星。馬哥孛羅焉得與之同日而語乎？(一百十二)若謂孛羅遊記一書，引起哥倫布攻讀地理之熱誠，誘其漫遊東方之決心，不無微功，則議論斯爲的當矣。總而言之，孛羅遊記爲發明新世界之導線，啟近代歷史奇變之書也。(一百十三)

(註一百十二)馬哥孛羅之名，在靑史中，雖不能磨滅，然實不足以比擬哥倫布也。哥倫布對西班牙國王肥的南（Ferdinand）及王后依薩拜拉（Isabella）曰『余自幼操航海業，以至於今。凡操是業者，多欲窮地之奇而探其梅。四十年來，凡他人能航至之處，余必踵至之。自少好交游博學之人，以故拉丁人，希臘人猶太人或莫爾人以及其他各種之人。其宗教或隸於正宗，或屬於異端，莫不與余過從甚密，藉以周知世界之廣，宇宙之大也。幸蒙上帝錫福，得使余能成功，不負平生所望。上帝賦余知慧，閑習航海之術，天文，算學，幾何，無一不知。蓋皆可以使余後日成功也。余幼時，從師讀歷史紀行，哲學，以及其他各學，無一不窺。得上帝佐佑，皆能覽其大綱。上帝冥助，得達西印度，上帝賦余以志望，使得成功。為欲求此志望之成功，故乞憐於陛下，幸蒙天恩下顧，賜以援助。遐方逖聽之人，初聞余計，莫不譏誚，來尼余行。然幸陛下聰明睿智，不為凡庸之議所阻，神機獨斷，排衆言而不顧。余之成功，固全由于陛下之鴻助，然使余有此志望，不屈不撓，期於成功而後已，啟迪陛下神機獨斷，排衆議而決行者，則上帝精誠所使也。』哥倫布之發現新世界，於此數語，已可知其自幼之志趣矣。馬哥孛羅果何如哉？

（註一百十三）李白里（Libri）曰『馬哥孛羅所傳布之影響，最要者，即為誘起哥倫布發明新世界一事也。哥倫布慕馬哥孛羅之名，故竭其生之力，預備一切，俾得達威尼斯游歷家所誇傳之奚班古（Zipangu日本也）。取西航之路，以至支那，不期而至亞美利加洲也。』李白里所言，以鄙意觀之，不免過乎其寔也。

哥倫布似乎由佛羅倫斯市人，保羅托斯加奈里（Paolo Toscanelli）之書翰中得知馬哥孛羅之紀行者。余於他處，從未見哥倫布有道及馬哥孛羅之名者。哥倫布將死時，尙深信奚班古（Chipangu）及大汗所統治之國，與其所發明之地，相距不遠。然此亦僅其生平所抱學說中偶然之事而已。蓋哥倫布深信地球面積甚小，而亞細亞洲之極東，則至爲廣漠，大西洋之面積，則狹隘非凡。因此搆成其生平之學說，造起其將死時之幻想也。余嘗詳查哥倫布之迷信，大都出於大僧正彼雷達雷（Cardinal Pierre d'ailly）之書。而彼雷達雷之說，則又皆抄襲羅哲倍根（Roger Bacon）之書。羅哲倍根者，中世紀時代人也。博學冠於一世。有形之學，與無形之學，無不該覽。其地理學說，雖荒謬怪誕，若是然尙可於其所著之世界大觀（Opus Majus）第一百三十七頁中見之。德意志學者亨博爾脫（Humboldt）先生之論題評論（Examen Critique）書第一卷第六十四頁，嘗摘錄羅哲倍根之學說，亦可以備披閱也。西班牙之歷史家瑪利那（Mariana）嘗將哥倫布發生探險之心事，完全倒亂，謂由於佛羅倫斯市醫生馬哥孛羅告知之故。云云。哥倫布嘗呼托斯加奈里爲梅斯脫羅保羅（Maestro Paulo）或者由此而啟瑪利那之誤會也。

（亨利考狄補注）今代賽維耳市（Seville）哥倫布圖書館（Bib. Colombina）所貯水師提督哥倫布之遺物內，有馬哥孛羅遊記一冊，爲大僧正勞榜奴之拉丁文譯本。哥倫布不獨閱覽一過，且於該書邊之空白處，加甚多註解。查其所註篇頁，可詳舉如下：

第九張　後頁、
第十三張　後頁、
第十五張　前後頁、
第十七張　後頁、
第十八張　前後頁、
第十九張前頁、
第二十三張　前後頁、
第二十四張　前後頁、
第二十五張　前頁、
第三十一張　前後頁、
第三十六張　後頁、
第三十八張　後頁、
第三十九張　前頁、
第四十張　前後頁、
第四十一張　前頁、
第四十二張　前後頁、
第四十三張　前後頁、
第四十四張　前後頁、
第四十六張　後頁、
第四十七張　前後頁、
第四十八張　前後頁、
第四十九張　前後頁、
第五十張　前後頁、
第五十一張　前後頁、
第五十二張　前後頁、
第五十三張　前後頁、
第五十四張　前頁、
第五十五張　前後頁、
第五十七張　前後頁、
第五十九張　前後頁、
第六十張　前後頁、
第六十一張　前後頁、
第六十二張　前後頁、
第六十三張　前頁、
第六十四張　後頁、
第六十五張　前後頁、
第六十六張　前後頁、
第六十七張　前後頁、
第六十八張　前後頁、

第六十九張　前後頁、第七十張　前後頁、第七十一張　前後頁、

第七十二張　前後頁、第七十三張　前後頁、第七十四張　前頁、

由是觀之，哥倫布所受馬哥孛羅之影響若何，可以想見，哥倫布之熱心研究孛羅遊記亦可從知矣。

（烜案）哥倫布之發現新世界實受馬哥孛羅之影響，其航海之初志本欲至中國及印度日本等地，不期而至美洲也。故至今古巴一帶羣島猶名西印度也。十五世紀及十六世紀初幕時，歐洲人實有以爲美洲大陸即大汗所統治之境，故墨西哥京城當時即有人疑爲馬哥孛羅所盛誇之京師者，其他墨西哥各城邑亦皆受孛羅遊記中之中國城邑名稱。

第六十七節　馬哥孛羅之眞正光榮。

雖然，馬哥孛羅在歷史上之光榮，固不可枚舉，難以盡謳也。後世之人，可以望塵追風者，實亦不甚衆也。馬哥者橫斷亞細亞全洲之第一人。所至之地，所見之國，莫不詳舉其名。考風辨俗，筆之於書。波斯沙漠，巴達哈傷之錦繡高原，荒野峽谷，和闐玉河，蒙古荒原，成吉斯汗發祥之地，蒙古西征大軍之本鄉，汗八里新建之汗庭，光華四照，聲威遠播，無不一一詳載，爲觀光中國第一人。中華之土宇廣闊，人民富裕，長江大河名

都巨邑，製造繁盛，戶口衆多，船艦無數，江河四海，往來如織，四鄰蠻夷，奇風怪俗，崇尙不同，圖伯特之鄙陋信徒，緬甸之金塔響晃，老撾，暹羅，交趾，支那，日本爲地球東極地產珠寶，光彩如玫，國王所居宮殿，盡皆飾金，皆詳有記載，爲歐土前人所未聞者也。印度羣島之窮美奇異，雖至於今，尙多爲世人所未悉，而馬哥孛羅爲傳記該土之第一人。產芳香藥劑，爲當世所珍寶，而其產地，則無人能知，馬哥孛羅獨詳言之。爪哇爲「羣島之珠」，蘇門塔臘各地，酋長，劃土分治，產奇珍異品，食人野族，尼科蠻（Nico-bar）及安達曼（Andaman）之裸體蠻獠，錫蘭島之產珍寶，其聖山與人類始祖，亞當陵墓，大印度之婆羅門潔身自尙，淫猥隱士，稀世鑽石，與探獲之奇史異說，產珠之海底，烈日照人諸事，前此傳爲山經誕說，亞歷山大帝所未征討之域，至是則馬哥親履其地，身探其奇矣。中世紀詳言阿比西尼國崇奉基督教之情形，與半奉耶教之索可脫拉島（Socotra）者，馬哥孛羅實第一人也。略言桑西巴島之黑人與所產象牙，道及赤道以南，馬特加斯甲大島，與南方黑洋爲鄰地，產盧克大鳥，及他怪物，詳言西伯利亞及北冰洋情形，使犬曳車之事，產白熊與騎鹿之通古斯族者，馬哥亦爲第一人也。

上節所舉，開始發明諸事，何啻數十，而皆爲一人所見所聞，一書所宣所傳，不謂偉大，不可得也。著書者，雖銘功景鐘，書名竹帛，誰謂不宜，斯固無庸誇矜，與強附飾辭也。

第六十八節、　馬哥孛羅個人才具，所可知者甚少。

馬哥孛羅究爲何如人乎？此問則頗難答也。讀旅行紀程者，往往懵懸遊歷家，自敘太多，然讀馬哥孛羅遊記者，孰不願其多增數語以自述乎？蓋馬哥遊記本書隱約之語，又慊太過。觀其所記各地情形，往往因太簡略，致吾人莫辯其所述者，究爲親見者，抑爲傳聞者。全書中清晰之處，固爲不少，然幾於每章可啟有興趣之疑問。各章所述之事，太半簡略，而無光彩。所記關於呼羅珊地方一節，即其本書亦嘗引吾人之注意矣。

"Ou chevauche par beaus plains et belles costieres, la ou il a moult beaus herbages et boune pasture et fruis assez .... Et aucune fois y treuve l'en un desert de Soixaute milles ou · de mains, esquels desers ne treuve l'en point d'eaue; mais la convient poreter o lui!''

雖然，馬哥孛羅爲人性情如何，讀其遊記亦可稍揣想一二也。孛羅氏爲人，蓋實行家，練達世情，靈巧勇敢，謹愼從事，留心商業情況，喜狩獵，不務多言者也。對於聖哲，有虔拜崇奉之深心。雖異敎之聖哲，亦敬禮有加，無誣蔑之言，而其禁慾主義，則尤爲孛羅氏所羨讚。唯世之僞君子，矯枉人情，不循正軌者，則頗爲蔑視也。世界浮華飾觀，則又爲孛羅氏所羨賞者也。試一翻閱其所記釋迦牟尼終身勤苦長期齋戒，則讚賞不置。然對於大汗富貴榮華，令行世界，威權無上，享有四海者，則又似言之欣欣，不勝羨慕者。而大汗狩獵，則尤爲所傾心也。(一百十四)

(註一百十四)參觀遊記本書卷三第十五章，及卷二第廿章。

詼諧滑稽之言，於全書內，幾不一見，有之則唯對於忽必烈大汗用樹皮製紙，以發行鈔票，多少任意所欲，大汗可謂得古代化丹家所傳之哲人丹，（Philosopher's Stone）一端而已。（見卷二第廿四章。）雖遠方奇風奇俗，亦不足以動其莊嚴。緬甸邊境，有部落曰金齒（Gold-Teeth）者，其地民俗，婦人產後，丈夫代臥床褥，撫育嬰孩，而婦人則起治家事。近代遊歷家泰樓氏（Tylor）亦嘗至其地，親覩其俗，詳記其事，而用代孵以標表之。可謂詼諧之至。然馬哥孛羅則僅言之而已。古代希臘英雄詩，有一節，亦記黑海濱某地，其民俗亦如此。詩以散文譯之曰、在梯伯萊甯國（Tibarenian Land）良婦有爲夫產兒者，產後，夫包布呻吟臥於床上，而妻則起治浴烹調牛酒，以養其夫。

讀之誠不禁使人發噱也。

第六十九節、科學知識之缺乏。

曼德維爾（Maundeville）之遊記，雖多僞造，然頗具科學知識，馬哥孛羅遊記，辭句眞確，然著者則全無科學知識也。曼德維爾大膽謊言，彼嘗至南緯三十三度之地，而孛羅氏至印度洋羣島時，不見北極星，則甚爲詫異。及行程北移時，極星又現於天際。孛羅氏計緯度以極星升至若干丈云云。巴拜氏（Baber）記班尼勃脫（Paniput）之戰，謂太陽升至茅高時，兩軍戰鼓始聞云。今代科學測量日月星辰，以角度言之，此等記載，以今之眼光觀之，蓋全錯誤也。然此類記載，在東方支那諸國，頗不一見也。即英國學人鄙人亦時聞其用丈尺以量天也。馬哥書中某章言北洋中，有數島位置極北，往其地者，仰觀於天，見北極星已稍在南方矣云。此等記載，極爲可笑。然尚有一事，亦與此相似，荷蘭之冒險航海家某氏嘗告英王查理二世之水道測量官莫格森君，（Master Moxon）謂彼嘗航過北極二度云云。

第七十節、依孛羅所記行程製造之地圖。

雖然，遊記本書內各地方向，與相距道里，皆記載頗詳。故余意依之製作一圖，亦足以表示孛羅氏當時心目中之世界，所行之各邦也。關於孛羅氏之地圖，自昔即有三說。

孛羅所記行程，大抵僅指示方向之概略，而不記其小變，尤以陸道行程爲最。故如由波斯邊境，至中國幾成向東北一直線也。由汗八里（北京）至緬甸成向西一直線也。由北京至福建才通港成向東南一直線。才通港者孛羅氏由之往印度者也。所記方向，最與當今確況相左者，即記阿拉伯沿海各城，由亞丁港至忽里模子（Hormuz）港前後皆向西北，在圖中誠不易明了也。（一百十五）

（註一百十五）所製之圖，標示孛羅氏行程，未免太明了。然圖中所註各地名，有爲遊記書中所無，後加入者。因之此圖不免近於今代地圖矣。猶之讀九十年前印行書中所繪阿比西尼公主，俄達海（Otaheite）像，及英國女王嫣利斯達娃（Mary Stuart）庭中美人像，皆高腰低額，與一千八百十年時所盛行之緊衣相類也。

一千四百廿六年時，葡萄牙親王倍得羅（Pedro）得自威尼斯貴人某氏一圖，傳爲馬哥孛羅所親製者，或抄繪者。其說信否難證，然苟製圖者，有繪加塔蘭圖者（Carta Catalana）之精神，則孛羅氏未死之前，決無不爲問訪之理由也。鄙人疑此圖，或抄自威尼斯公爵宮殿廳中之壁畫也。

今該殿廳中仍有圖，並標明孛羅氏之路途，然無甚興趣也。十五世紀中葉時，廳中壁上即有圖，一千四百五十九年，宮殿改造時，議會令該圖重繪。一千四百八十三年，圖為火所燬。後百年，賴麥錫提議重繪四圖。自是時久，失修，多有破壞，字跡不清。一千七百六十二年，市長馬哥佛斯加利尼(Doge Marco Foscarini)命繪畫家佛蘭賚斯科格利賚利尼(Francesco Grisellini)重繪之。格利賚利尼當時自謂全圖皆依舊貫，然後代莫賴利氏(Morelli)考證該圖改作實多，決非原圖也。亞洲東部似依賴麥錫時代所知地學知識而繪，亞洲西部則為近世之作，可無疑也。

第七十一節　中國重要事實為孛羅遊記所不載者。歷史錯誤處。

讀遊記本書初卷者，皆知馬哥孛羅精閑蒙古帝國版圖內當時盛行之數種語言。最少能知四種文字。究為何四種，亦考證多人矣。各家皆斷定孛羅不閑漢文也。不獨不閑漢文也，(二一六)中國人之習慣風俗，及各種奇事，遊記本書多皆缺而不載也。萬里長城，為世界大觀，雖於該書某章口授於筆錄者時，可臆想孛羅氏當時必曾有長城在其腦際，然孛羅書未明記載也。

（註一百十六）德意志學人亨博爾德（Humboldt）嘗與鄙人，共同意見，謂不可因孛羅書中，不記長城即謂著者未見長城也。亨氏嘗引證三事，皆爲歷史上大關鍵，而情況亦與此相匹。讀史者心中所必懸疑也。巴賽羅那市（Barcelona）圖書館，無歡迎哥倫布入城之記載，馬哥孛羅遊記無萬里長城，葡萄牙國中圖書館，無亞美利哥維斯普奚（Amerigo Vespucci）航海紀行，而亞美利哥實奉葡王之命，乃巡航者也。

（參觀本書卷一，第五十九章，註五，萬里長城）。

馬哥孛羅實經行福建產茶地域，然中國人用茶爲飲料則未記也。（一百十七）

（亨利考狄補註一百十七）孛羅氏道經福建產茶區域，中國人飲茶甚盛，而孛羅遊記竟未提及，誠怪事也。孛羅氏前四百年，回教遊歷家蘇烈曼（Soleyman）於第九世紀中葉，（唐宣宗時）旅行中國時，已記載之。蘇氏曰，『中國人用植物汁和水，爲飲料。土人名曰薩克，（Sakh 茶之轉音）葉香而兼苦味，土人謂爲滋補，全國各市，皆有售賣也。』

婦人纏足，漁者用鸕鶿，（二事皆見於孛羅氏晚年時代，至中國遊歷之大僧鄂多力克 Friar Odoric 遊記中。）人工孵卵，活字印書，（孛羅氏曾記鈔票發行，故有謂孛羅必見印書術者。）及其他奇技巧術，怪異風俗，不下數十，讀者皆疑必爲馬哥孛羅所記載，然無一字道及也。中國文字之奇，見者莫不訝異，而孛羅氏亦始終無一言及之也。韃靼人及南印度之風俗，書中皆詳爲之記，而於中國之事，獨多遺缺，何也？論者謂孛羅氏在中國時，所往來交接之人，多外國人而無中國人故也。孛羅氏記載地方之名，多用韃靼或波斯語，而中國固有名辭，不用也。例如契丹（Cathay）（中國北部）汗八里（Cambaluc）（北京）普里三星（Pulisanghin）（桑乾河）唐古忒（Tangut）（西夏）察罕諸爾（Chagannor）（名見元史）賽安府（Saianfu）（襄陽府）肯章府（Kenjanfu）（京兆府）天杜克（Tenduc）（天德軍）阿克巴雷克（Acbalec）哈喇章（Carajan）（雲南）柴旦旦（Zardandan）（金齒部）才通（Zayton）（泉州）開門府（Kemenfu）（開平府）白拉由斯（Brius）（金沙江）哈喇摩蘭（Caramoran）（黃河）朱里眞（Chorcha）（女眞）居聚（Juju）（涿州）等，皆蒙古突厥或波斯語。諸地者中國皆有原名，然悉不用也（一百十八）

(註一百十八)波斯語自昔即爲中央亞細亞蒙古諸地王庭中之官話。元代時外國人之仕於中國者，或仍用波斯語故如普里三星柴旦旦等名辭皆爲純粹波斯語也。此外尚有數語，混用於本書中，亦皆波斯語也。大僧鄂多力克及他最初至中國遊歷家之紀行書，所言皆足證明吾人所說也。阿爾德雷斯丹雷公，(Lord Stanley of Alderley)於哈克魯亦脫學會所刊叢書某帙中，謂中國回教徒，至今尚用波斯字云云。

(烺案)玉爾先生此方所引諸地名，謂悉蒙古波斯之語，恐未必確，例如各府之名，雖或見於波斯文書籍中，然其原音則漢字也。

(張星烺補註)纏足風俗，當元之際，中國南方必盛於北方。黃河流域，幽燕一帶，石晉以來，即隸契丹，靖康以後，金人且征服長淮以北諸地。遼金元皆外國人，鄙棄漢人風俗。淮以北，南宋時，人即多改胡姓，衣胡服，操胡語。纏足一端，吾人亦可推想當時北方未必爲習尚也。馬哥孛羅居中國十七年，大半皆在北方。其所有記載，亦以北方爲最詳。當其官南方時，富家貴人之婦，或甚少見，或因記載簡略，而有缺也。泰定帝時，高僧鄂多力克遊記所載婦人以纏小足爲美一節，亦在杭州所見者。陶宗儀輟耕錄有纏足一節記事，可以參觀也。宗儀台州人，僑寓松江，元末明初時人也。

輟耕錄第十卷、纏足、

張邦基墨莊漫錄云，『婦人之纏足，起於近世。前世書傳，皆無所自。』南史齊東昏侯爲潘貴妃鑿金爲蓮花以帖地，令妃行其上曰『此步步生蓮花。』然亦不言其弓小也。如古樂府玉臺新咏，皆六朝詞人纖艷之言，類多體狀美人容色之姝麗，及言妝飾之華，眉目唇口要支手指之類，無一言稱纏足者。如唐之杜牧之李白李商隱之輩，作詩多言閨幃之事，亦無及之者。韓偓香奩集有咏屧子詩云，『六寸膚圓光緻緻。』唐尺短，以今校之，亦自小也，而不言其弓。惟道山新聞云『李後主宮嬪窅娘纖麗善舞，後主作金蓮高六尺，飾以寶物細帶纓絡，蓮中作品色瑞蓮，令窅娘以帛繞脚，令纖小屈上作新月狀，素韈舞雲中，回旋有凌雲之態。』唐鎬詩曰，『蓮中花更好，雲裏月長新。』因窅娘作也。由是人皆效之，以纖弓爲妙。以此知札脚自五代以來方爲之。如熙寧元豐以前人猶爲者少，近年則人之相效，以不爲者爲恥也。

亞洲大陸當時之歷史，馬哥孛羅得詳知者，似頗少也。所記成吉斯汗崩事，以後繼位諸汗，成吉斯死後，諸子孫之關係，皆有訛誤也。書中最難明之處，即忽必烈大汗征服南中國時，圍攻襄陽城一章也。遊記本書卷二第七十章之註，鄙人對於此事，即有質難矣。鮑梯君亦嘗有說明，然鮑氏之解說，亦不足以解決難題。蓋與孛羅氏所自記者，全不合也。馬哥孛羅所記眞確，鄙人深信任之，唯獨此章，難解而已。(二百十九)世之評論孛羅氏者，有因未深研究本書，而故爲張大其辭，亦有深加研究，而亦傚之者，則誠奇矣。總之，由孛羅遊記本書所得，而評論其人，甚爲困難。孛羅氏緘默不多語，書之著作，又綦困難，欲得眞像，頗不易易。然吾人研究孛羅遊記之熱誠，不以此而稍減也。

(註二百十九)藍頗爾抵 (G. B. Rampoldi) 所著回教史 (Annali Musulmani) 卷帙頗多，於一千八百廿五年刊行於意大利米蘭市 (Milan) 藍氏書曰『馬哥孛羅與弟(!)及叔嘗遠遊至鐵班過 (Tipango!) 爪哇錫蘭及瑪爾狄甫羣島，(Maldives) 考察各地風情，又嘗跋越印度兩半島，考察索科達拉島 (Socotra) 馬達甲斯嘉島 (Madagascar) 索法拉島 (Sofola) 又嘗以慧眼(!)觀察桑西巴島阿比西尼亞牛比亞 (Nubia) 埃及等地，』藍氏於此似全然與耳食無異也。馬泰伯龍(Malte-Brun) 讚揚孛羅氏加以徽號曰，『十三世紀之亨博爾德 (Humboldt)』此又擬之不類矣。諸人於孛羅氏之書，皆未深研究也。

第七十二節、孛羅氏之書，有爲筆錄人羅斯梯謝奴所改竄乎？

文人作書，好飾文采，羅斯梯謝奴當世文豪，孛羅氏口述遊記時，有爲羅氏所改者乎？舉斯以問者，亦未始無理也。今世冒險遊歷家，不愼擇人以輔其著作，甚至累及盛名者，亦有之也。

前章已攷定法國地學會版本爲馬哥孛羅當時口述最眞確之草本，最近實情。其稍加修飾之處，即關於敘述戰事之諸章也。於此諸節，時有文辭誇大，張惶之處。其句法，大類善於著述小說所慣用者，尤近於詞賦體也。羅氏所著小說，僕未得詳讀，故孛羅遊記諸節，是否出諸羅氏之手，不得而知也。（一百二十）然馬哥孛羅爲人，靜默而沉潛，不好多言，在基奴亞獄中，徘徊步履，鈎心鬭奇，七次作此誇大文辭，俾羅氏得暇而錄之，斯亦不可解矣。

（註一百二十）參觀本書卷二，第四章，及該章註四；又卷二第五十二章。此類文體，共見七次，然此次翻譯，則多半删棄，大抵皆在本書卷四內。

第七十三節、馬哥生平所讀之書內有亞歷山德時代小說。

馬哥離家里時，年僅十五，其未得多讀書，亦理之然也。然其少時，曾讀小說，尤以亞歷山德帝冒險事爲多，尚可證明也。

孛羅氏述鐵門關（Iron gate）及葛格（Gog）與馬葛格（Magog）時，嘗道及亞歷山德大帝，特意或無意偶爾述之，則不可知矣。又嘗引證亞歷山德娶大流斯之女，及二傑相爭事；又迭次述呼羅珊邊境太陽樹（Arbre Sol）或乾樹。（Arbre Sec）所有引證，皆可追踪于亞歷山德帝逸史，蓋與正史全不同者也。然逸史之盛行，較之正史尤廣，彌漫全歐，幾於千有餘年。東西情形，當時士人之所知，概不出此也。逸史源流，論者多信以爲希臘埃及所製作。最初纂集之本，爲假加立斯尼（Prendo-Callis-thenes）希臘文，攷其時代，至遲亦約於耶蘇降生後二百年也。由希臘文，該逸史傳播於東方。其期甚早。第五世紀時，哥倫（Chorene）人摩西（Moses）亦略知該書之數章，是後亞美尼亞文，阿拉伯文，希伯來文，敘利亞文，皆有譯本。波斯詩人，如費杜西

（Firdusi）等，編之爲詩文。自是以後，傳播益遠。印度洋羣島，暹羅，馬雷之人，類能言之。瓦樓留斯（Julius Valerius）甚早即譯爲拉丁文。然書經失傳。至第十世紀時，大僧正李阿（Leo）始復自畢比散丁姆（Byzantium 即君士旦丁堡）輸入意大利李阿者，當時充康勃尼亞（Campania）約翰公之大使，往東都者也。由逸史本書，發生之散文，詩文，冒險小說，甚多。西歐各國，自西班牙以至瑞典，那威各國文字，莫不有譯本。傳衍之廣，與席間閒談小說（Round Table）或沙理曼大帝逸史相埒矣。十六世紀中葉時，書之盛名，猶不寖也。（一百二十一）

中世紀之遊歷家，其頭腦中，皆爲此種逸史奇話所布滿，信作正史也。

（註一百二十一）雖明哲博學如羅哲倍庚（Roger Bacon）者，亦引證逸史中亞歷山德帝致其師亞理斯多德之書信，而信以爲眞也。

回教文字所及之處，此種逸史奇話，莫不灌輸於人之腦際。故於亞洲各處，皆可聞亞歷山德大帝（Alexander Magnus）之流風遺話也。大僧鄂多力克至近孟買城之塔那市（T'ana）謂即婆羅斯王城（City of King Porus）也。約翰馬黎諾理（John Marignolli）嘗慮慕歷山大王之風儀，效其立石柱於天涯，以支撐天堂，攷其所謂天涯者，約近今印度南之脫拉萬科爾（Travancore）地方也。約翰曼德維（Sir John Maundeville）無馬黎諾理之妄誕，然亦嘗借歷山大王紀行之奇事怪聞，以修飾其所著之遊記矣。不獨此也，即後代葡萄牙人至柬埔寨（Camboja）時，見其地有偉大建築物之遺蹟，驚訝而讚賞，亦指謂為歷山大王所留者。近世穆合脫（Mouhot）杜姆孫（Thomson）及格尼耶（Garnier）等人，前後皆來此遊歷，各有記著。吾人讀之，乃覺前人所指，不免啞然可笑也。

歷山大王逸史甚多。今將最著者摘取一二，以資攷證，且助談興也。歷山大王，嘗討伐淫猥謾神之國，不下數十，皆禁錮之於深山中人跡所不能至之處，以待後日之釋放也。其尤著者為葛格（Gog）及馬葛格（Magog）二族。十三世紀初葉，蒙古人蹂躪歐洲，崇奉耶蘇教之國，幾如洪水氾濫，襄山汨陵，歐人驚惶喘息之暇，不能不憶及古代逸話，而揣想蒙古人或即爲葛格及馬葛格二族之苗裔，亦理之常也。諸逸話中，又有謂歷山大王之妻羅格薩那(Roxana)乃大流斯之女，貌美冠世，大王死時，投於大王之懷。云云。又有所謂日月二樹，能知人之運命，能言語有聲，嘗告歷山大王死所，及死時情况。由此逸話，而發生後代基督教中之乾樹逸話。(L'arbre Sec) 東方黑暗國(Land of Darkness) 之逸話，及如何避逃方法，亦爲時人所摘取。孛羅氏於其遊記本書卷四第二十一章，亦言之欣欣矣。

第七十四節、 對於孛羅氏多年不公之評論，近代奇特之批評。

前章言渾名百萬君之節，吾人即知孛羅氏在當時曾否得享盛名，頗爲可疑。又據同時之歷史家某氏所記，謂孛羅將終時，其至友倘祈其將書中怪誕不經之語刪除，(一百二十二)云云。稍後某氏，嘗傳抄孛羅遊記以作玩興。抄畢，氏告人曰『書中所言全不可信也』

(註一百二十二)尼克爾貝夫人(Nickleby)藏佛羅倫斯市寫本書甚多，皆至可貴。抄者某氏，於寫本末附註曰，『西萊拖公(Cierreto)爲消磨光陰，及助玩興之故，乃命阿馬李白那古西(Amalio Bonaguisi)

抄寫馬哥孛羅遊記至此已終。書中內容，似不可信。世界固大，奇異之事固多，孛羅氏自謂所言皆實，然余誠難以信之也。余抄寫時，覺書中所言頗有興味，然信與不信，則又一事也。他人讀之如何，余不敢問，然余一人之意，固若此也。一千三百九十二年十一月十二號，抄畢於西萊拖時，乃書此語以質之當世。』

白浪先生（Sir Thomas Brown）謂讀馬哥孛羅遊記，須謹慎從事，其言不可盡信也。前世紀時，英國學士中，尚有疑孛羅氏曾否得至韃靼或中國者。馬斯敦所刊孛羅遊記，或已可消滅世人之懷疑者矣。然哈模氏（Hammer）雖讚賞孛羅，猶加以徽號曰『東方學指導師之先祖。』（Der Vater Orientalischer Hodogetik）云云。馬斯敦刊版出後十年，某德意志學人，嘗慎重刊一書，發莊嚴之辭曰（一百二十三）『全書皆拙笨僞造之文也。』

（註一百二十三）參觀一千八百二十九年彭恩（Bonn）地方出版之胡爾曼（Hullmann）所著中世紀城市狀況（Stadtewesen des Mittelalters）胡氏敘述教皇英奴森德第四世（Innocent IV）及法國聖路易王（St. Lewis）遣使往東方事，終末加以下方之判詞曰，

『依當時人之習尚，爲教會布教及通商便利之故，乃作此書，詭稱之曰遊記，攷著者之目的，在教化蒙古人，崇奉基督教，及引起商人往其國貿易，與作羅蘭勇士歌（沙理曼大帝時代）者同一旨趣也。以意想度之，孛羅氏三人決然未曾越大布哈拉（Great Bucharia）境。意大利之遊歷家當時至該地者，不可摟指而計也。書中所記，謂蒙古帝國版圖，尚遠及於東方者，皆聞之市中東方商人及旅行者之口碑而已。書中所記之印度，波斯，阿拉伯，及依梯俄皮亞（Ethiopia 黑人國）等境諸章，皆自阿拉伯文諸書抄襲者也。著書人謂書中主人馬哥嘗仕於忽必烈大汗廷十七年，僞托之胆，力不可謂不宏矣。』

馬爾科姆（Malcolm）所著之法文波斯史，稱馬哥孛羅爲威尼斯市僧侶云云。諸人者，概皆不知馬哥孛羅者也。

（亨利攷狄補註）一千八百十五年，倫敦出版馬爾科姆原書卷一第四百零九頁之註，尚謂孛羅爲威尼斯之僧也。

第十二章、孛羅氏生時所蒙社會上之知遇及其書之流行。

第七十五節、孛羅氏生時，其書傳播若何之廣。

孛羅氏生時，所蒙社會之知遇，究若何乎？賴麥錫謂孛羅氏書，初次出版後，（賴氏謂爲拉丁文）

做印之版，即其多譯成各地方言。數月之間，布滿意大利全土云。

然吾人所得之證據，與賴氏所言者，正相反也。盛名鼎鼎之遊歷家，與其書之傳播，不若賴氏所言之速也。十四世紀所留之寫本，其數固爲不少，然其中大半，皆劈劈奴之拉丁文節本。若賴麥錫所言而可信，則劈氏之書至一千三百二十年，始現於世也。孛羅遊記各種文字之寫本，依吾人所能得知者，其數僅約八十種而已。各書寫本數目，求一眞確之統計表，頗不易易。意大利詩人但退（Dante）之詩歌，其各種寫本，約五百種。以之相比，誠不倫矣。高僧鄂多力克（Friar Odoric）之遊記，較孛羅氏書，誠遠不及，然余考之，尚有寫本三十九種。稍後，至少尚有三種，可以加入也。（革利考依日都人刋行鄂多力克遊記時發現寫本共七十三種）同時伯魯奈拖拉丁尼（Brunetto Latini）所著之百科全書，依吾人之眼光評之，遠不及孛羅氏書之可膾炙人口，然後之刋行者，推算共有寫本五十種。由各圖書目錄觀之，約翰曼德維（Sir John Maundeville）遊記之寫本，及最初印行本，至今尚屢見迭出。英國勇士（Knight）所謊言之各種奇說，較之誠實之馬哥孛羅所記者，尙風行一世（一百二十四）紙貴洛陽也。孛羅氏之盛名，卽在意大利南部，尙不能普及也。前那頗里（Naples）及西錫利（Sicily）諸王國之圖書館中，依余所考，無一孛羅遊記寫本，（一百二十五）可以見也。

（註一百二十四）一千八百七十年十一月，郭利模（Quaritch）所纂之圖書目錄中，孛羅遊記老版，僅有一種，而曼德維遊記則有九種也。一千八百三十九年大英帝國博物館圖書館（British Museum Library）之圖書目錄，曼德維遊記寫本有十九種。孛羅遊記寫本，今所存者，僅六種而已。十五世紀全期間，曼德維遊記刊行共二十五次之多，而孛羅遊記僅五次而已。

（註一百二十五）鄙人嘗親至那頗里拍樓模（Palermo）等市，訪其國立圖書館，及市立圖書館，又蒙德克西奴（Monte Cassino）蒙里爾（Monreale）聖瑪梯奴（S. Martino）克塘尼（Catania）等市圖書館，一一問及，皆無孛羅遊記寫本也。

十五世紀時，孛羅氏之書已傳衍甚廣，法蘭西王察理第四世之圖書館目錄中，有孛羅書寫本三冊，乃一千四百二十三年倍德福公爵（Duke of Bedford）命於路佛市（Louvre）所製者也。

詩人但退（Dante）生於孛羅氏書成後二十三年，博學冠於當世，有形世界以及無形世界，皆無不窺。然生平所著書中，向無一言及於孛羅氏之名，及其所言者。其神聖歌劇（Divina Commedia）全書不見有契丹（Cathay）之名。孛羅同時人，佛蘭賽斯科巴拜利奴（Francesco da Barberino）者，文名雖不及但退之盛，而亦頗有著作。契丹之名，曾數見於其書中，然該名以外，巴拜利奴似於孛羅氏書中記載全茫然也。（一百二十六）

（註一百二十六）巴拜利奴之生，早於但退一歲。（一千二百六十四年）至一千三百四十八年始卒。所引證之詩，或爲其早年時之著作。契丹之名，傳入彼耳，決在孛羅氏等末次歸里之前。考其聞得之源，或由孛羅氏初次歸里，及歸回之傳教師所口說也。一千二百七十八年時，相傳教皇尼古拉斯第三世（Nicholas III）聞諸波斯阿八哈汗（Abaka Khan）謂忽必烈大汗，已經受洗禮，崇奉基督教，故遣佛蘭賽斯肯（Franciscan）宗派僧侶若干人，持禮書往賀科白雷汗（Quobley）科白雷汗者，該禮書中忽必烈之訛音也。然是等僧侶，似終未達目的地也。一千二百八十九年時，尼古拉斯第四世（Nicholas IV）復遣孟德高維奴（Monte Corvino）地方大僧約翰（Friar John）執同一職務，往忽必烈之廷，得良美效果。考教皇二次國書中，皆無契丹之名也。

孛羅同時之同里人長瑪利奴薩奴多（Marino Sanudo the Elder）能精閑後代亞美尼亞王海敦（Hayton）之書，然孛羅之名，或其書，無一語及之也。讀薩奴多書中諸節者，似乎其必曾閱及孛羅之書也。

第七十六節、同時人之引証孛羅

孛羅同時人道及孛羅之名者，依余所考，僅下方數人而已。

一、孛羅贈獻其書於梯抱賓賽抱愛公，有遺註可見斯事已於前第四十五節詳言之矣。

二、大僧劈劈奴所譯孛羅遊記序中，嘗詳述孛羅氏之名。（見附錄第戊號）由此序文觀之，似乎馬哥當時仍未卒也。此說與賴麥錫所指之年月相吻合也。劈劈奴嘗著編年史一書，摩拉拖利（Muratori）曾撮其一部而刊行之。此中有數章，述韃靼迭次戰爭及山中老人（old man of the mountain）滅亡事，蓋皆取材於馬哥孛羅遊記者也。有一節，摩拉拖利未曾刊行，而邊康厄教授（Prof. Bianconi）自摩德那（

modena）圖書館所藏寫本錄出者，其言如下：

『下節所述韃靼皇帝之威嚴，乃威尼斯人馬哥孛羅之言也。韃靼人稱其帝，曰汗。孛羅遊記，余嘗自蘭巴德土語（Lombardic Vernacular）譯成拉丁文，得大汗之知遇，故得仕於汗廷，在韃靼國中，前後約二十七年也。』（一百二十七）

又大僧雅各波達基（Friar Jacopo d'Acqui）亦嘗道及馬哥之名。前第三十七節，述孛羅氏爲基奴亞人所擒事，已詳言之矣。又佛羅倫斯市歷史家約翰維拉尼（Giovanni Villani）（一百二十八）記述韃靼人，因曰，

『欲詳知韃靼人之歷史者，可翻閱亞美尼亞葛爾郭斯（Colcos）王海敦自著之遊記。海敦嘗奉教皇克萊孟第五世（Clement V）之命，往韃靼廷者。又書名『百萬君』（millione）者，乃威尼斯人馬哥孛羅所作，述韃靼人之威權，及其疆土廣遠頗詳。則居韃靼國爲年甚久，至此可舍韃靼人而復述吾輩本題，佛羅倫斯市歷史矣。』

（註一百二十七）大僧雅各波達基胸中所知韃靼人事蹟，全然混亂，其言曰，『韃靼人出山後，舉拍萊斯脫約翰（Prester John）之子爲王，俗名曰山中王』云。

（註一百二十八）約翰維拉尼死於一千三百四十八年之大疫。馬哥孛羅遊記著成後，不久維氏即起始著述。自謂於一千三百年，觀大祭節於羅馬時，得窺偉人紀錄，因思作佛羅倫斯市盛興史，歸後即起草云。

第七十七節、再記同時人之引證孛羅

彼得羅阿巴奴（Pietro of Abano）者，孛羅時代，著名醫士及哲學家，與孛羅氏爲親交。著有醫書。其中某節，討論古代傳說，謂赤道下，不可居人之事。彼得羅反對此說，乃作下方之引證曰，

「靑吉國（Zinghi）（一百二十九）。有星，其大如囊。余知某君曾親見此星，告余謂微有光，似片雲，常在南方。吾友威尼斯人馬哥孛羅壯遊四方，探訪各國，聞見之廣，余生平未見能有其匹者也（一百三十）。孛羅嘗告余此星，及他事甚多。彼亦見此星在南極星之下，有長尾，而親爲余繪其圖如斯。（見圖）彼又告余，彼見南極星高出地面，約長如兵士所執

之戈，而北極星則低沉於地面，亦約如此。云云。由是處，土人輸出樟腦，蘆薈，伯拉西木等物至吾國。孛羅謂是處天氣極其炎熱，居民甚少。一切彼皆見之於某島內島可由海道而航至其處。有野人產羊一種，其毛粗而硬，大類吾國猪毛也。」（一百三十一）

（註一百二十九）此方所言之星，豈瑪哲倫星氣（Magellanic Cloud）歟？顏麥錫記一千四百九十九年，平遜氏（Vincent Yanez Pinzon）西南航海事在丹基拉（Pietro mart're d'anghieria）篇後，記云『持觀像儀於手中，仰視南極星，不能得有如北極星者。然所見者與吾等所見之星甚不相同，四周朦糊，其光四散，故不得詳審也。』又克樞（Kachb）航海水手告李治（Leech）大尉，謂至桑西巴島（

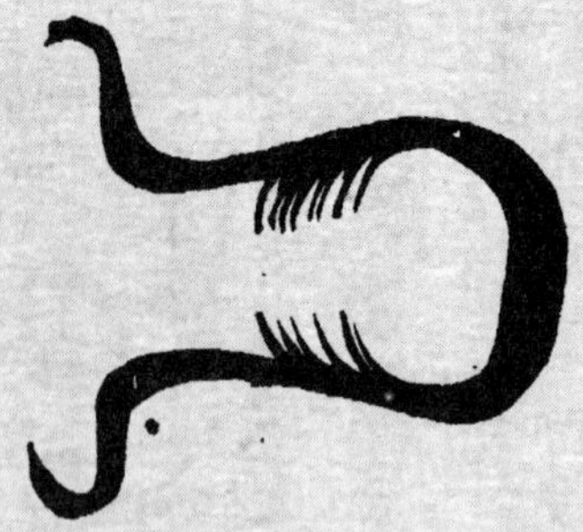

Zanzibar）中途瑪萊西（Marethee）市時，北極星已沉落至地平線下，僅可用天上某定雲（Fixed cloud）以定海中方向而已。

大瑪哲倫星氣依古代阿剌伯某著作家所記，謂其大如豆，在克奴勃斯（Canopus）山脚下。紅海泰哈馬（Tehama）一帶，皆可見之。唯奈哲特（Nejd）或依拉克（Irak）等地，則不得見也。亨博爾德君，推算耶蘇降生以後一千年時，大瑪哲倫（Great Maiellan）星氣在亞丁港，宜可見之，高出地平線約數度，與阿剌伯人所記者相合也。

（註一百三十）孛羅氏此圖與東方人用之地氈上所繪彩雲酷類。余嘗聞之羅賓孫（Robinson, Vincent）氏，東方人即以雲為氈之名云。波斯之地氈上時得見之。中國圖案亦偶見之。克拉克（Purdon Clarke）告余，紋章學者稱之為星雲（Nebula）。中國人亦有專名，考其命意，亦雲也。波斯人呼之曰錫倫亦吉泰（Silen-i-khitai）其意為何，余則不得而知焉。

（註一百三十一）此節所言諸端，與所繪之圖，皆不見於遊記本書末尾所言之某島，乃蘇門塔臘也。所言之羊，或即蘇門塔臘特產之野羊。馬斯敦（Marsden）嘗記之，謂背上之毛強硬，與剛毛無異也。

上方所舉五例以外，十四世紀之人引舉孛羅之名者，雖或有之，然非余所知也。該世紀中葉以後，聖倍丁（St. Bertin）之方丈，依勃雷（Ypres）人約翰。或稱之曰，大僧長約翰（Friar John the Long）者，有盛名。尤於遊記之歷史上，有功勳。氏爲賴麥錫哈克魯亦脫（Hakluyt）勃爾乞斯（Purchases）等之先導。搜集前人所有東方遊記地理書等成一叢書。（一百三十二）其非法文者，皆譯爲法文。其中可寶貴之書，頗爲不少。又著編年史其中頗詳言孛羅氏探險紀行。末有數語，前已言之，今更舉出，以饗讀者。『尼哥羅及馬飛與韃靼人數名，第二次被遣至此地時，唯馬哥孛羅爲皇帝所留，效用於軍旅間，居汗廷二十七年。大汗察其才能堪用，故遣之奉使至韃靼印度各處，南洋各島。孛羅氏所見途中各地奇事甚多。後孛羅氏將其見聞用法國土語著成一書。該書及他同類書，今皆爲吾所有。』

（註一百三十二）方丈約翰之叢書，藏於法國大圖書館，名曰 Livre des Merveilles。書含孛羅（Polo），鄂多力克（Odoric）威廉波敦賽爾（William of Boldensel）等書，孫丹尼牙地方大僧正（Archbishop of Soltania）之大可汗國記，曼德維紀行，海敦及李科特（Ricold of Montecroce）之紀行。馬哥孛羅及曼德維二書，乃長約翰譯成法文者。

論者謂波斯二史家拉施特（Rashidudin）及瓦薩甫（Wassaf）著史時，或嘗取材於馬哥孛羅當孛羅氏在波斯塔伯里次(Tabriz)汗廷時，二君或有在是處親見孛羅氏而得之於其口說者，不少也。遊記本書卷三第二十六章所記胡茶辣（Guzerat）之棉樹，（參觀同章註）卷三第十章所記馬八兒國（Maabar）馬匹貿易事，（參觀同章註）又同卷第十六章所記馬八兒國兄弟分王事，又同卷第十二章，奈苦維蘭（Necuveran）之裸體蠻人，又同卷第九章第十章第十一章所記蘇門塔臘島野人自稱大汗臣民事，皆與二史家之著作，有極相同之點。艾略特（Elliot）之波斯史第一卷與第三卷，曾指出之，故疑波斯之二著作家取材於馬哥孛羅者，頗可信也。

第七十八節、包杜英寶賽波克小說嘗取材于孛羅遊記

十四世紀初葉，包杜英寶賽波克（Bauduin de Sebourc）詩歌體小說一書，風行一時，頗享盛名。書中雖未言孛羅氏之名，然取材於其書，（二百三十三）則斑斑可考也。包杜英一書，巧妙活潑，滑稽詼諧，代表中世紀末葉法國詩歌小說之精神也。氏少時，遊蕩不羈，不事家人生產，長爲勇士，壯遊四方，喜冒險，勇而忠信，後爲耶路撒冷之王。余嘗略讀

其書，謹將其取材於遊歷家孛羅氏者，撮取一二，列之下方焉。

(註一百三十三)包杜英詩有二本，一千八百四十一年刊行於瓦倫湘市(Valenciennes)題名曰 Li Romans de Bauduin de Sebourc IIIe Roy de Jherusalem。余之得知有是書，乃由讀鮑梯氏書故。鮑氏自某書節錄引證大山及薩拉森人奇石諸寓言，然似未嘗親見其書，亦未悉其中取材於孛羅遊記也。鮑氏蓋聞之於該寗君(M. Genin)該寗君謂包杜英詩著成甚早，約在腓力美王(Philip the Fair)死後，耶蘇紀元一千三百十四年(元仁宗延祐元年)時也。

包杜英嘗乘軍艦泛遊印度洋，艦沉於報達國(Baudas)境，法理斯城(Falise)近處。城蓋臨報達河也。城中居民，不信宗教。

Il ne creoient Dieu, Mahon, ne Tervogant,

Ydole, cruchefis, deable, ne tirant." P. 300

然迷信甚重，人死後，於其墓旁，舉火將其衣服什物徽章悉焚之，所騎之馬，所使之役人等，皆殺以殉，謂死人於別世，可仍悉有故物，享有一切也。(參觀遊記本書卷一第

四十章又卷二第七十六章）

至若國王死則

"Se li rois de la terre i aloit trespassant,

* * *

Si fasoit-on tuer. viij. jour en un tenant,

Tout chiaus c'on encontroit par la chite passant,

Pour tenir compaingnie leur segnor soffisant.

Telle estoit le creanche ou pais dont je cantl'' p. 301.

（參觀本書卷一第五十一章。）包杜英至時，適國王死已三日，城市人民，皆閉戶隱藏，畏此俗也。包氏入逆旅大嚼，蓋不食三日矣。食後被捕，械送至王之前，王名波利班斯（Polibans）有詩足以証明當時法文之普及於世。詩曰：

"Polibans sot Fransois, car on le doctrina;

J. renoies de Franche, vij. ans i demora,

Qui li aprist Fransois, si que bel en parla." P,309.

包杜英高聲謂王曰此乃野蠻迷信，並告以基督眞理。王信其中佳理數條，然曰，

"Vassaus, dist Polibans, a le chiere hardie,

Ja ne crerrai vou Dieux, a nul jour de ma vie;

Ne vostre Loy ne vaut une pomme pouriel" P,3II.

包杜英提議於王曰，『若王不信，請與王决鬥，王可執各種兵器，而自則不持兵器。』王應之，然察包杜英勇氣百倍，似有十分把握者。王甚驚訝，而謂其從者曰，『吾苟死，須將吾之坐馬及甲仗等，悉焚之。』並問從者，『誰可與俱焚死，而從吾於地下者。』

第九節　古法文

"La en i ot, ijc. dont Cascuns s'escria:

Nous morons volentiers, quant vo corps mort sara!" P,3I3.

（參觀本書卷二第十七章）

包杜英乃禱天求助，天果有靈，有求必應。既戰，波利班斯大敗，乃覺基督眞理之可信也，遂服膺之。王謂包杜英曰『越報達境，與其國鄰壤

“Ou. V. liewes, ou. vi.

Che un felles prinches, orgoellieus et despis !
De la Rouge-Moutaingne est Prinches et Marchis.
Or vous dirai comment il a ses gens nouris ;
Je vous di que chius Roys a fait un Paradis
Tont noble et gratieus, et plain de tels deliis,

* * * * *

Car en che Paradis est un riex establis,
Qui se partist en trois, en che noble pourpris ;

馬哥孛羅游記導言　　二六五

En l'un coert li clares, d'espises bien garnis;
Et en l'autre li mies, qui les a resouffis;
Et li vins di pieument i queurt par droit avis—

*　　*　　*　　*　　*

Il ni vente, ne gele Che lies est de' samis,
De riches dras de soie, bien ouvres a devis.
Et aveukes tout ché que je chi vous devis,
Ia. ijc puchelles qui moult ont cler les vis,
Carolans et tresquans; menans gales et ris,
Et si est li dieuesse, dame et suppellatis,
Qui doctrine les autres et en fais et en dis,
Celle est la fille au Roy con dist des Haus—Assis." Pp. 319—320.

（參觀本書卷一，第二十三章。）

伊俄林女史（Lady Ivorine）乃老人（Old man）之女，諸藝外，尚有

"Les iex vair's com faucons, nobles et agentis." P. 320.

（參觀本書卷二第八章及註）

山中王（King of the mountain）乃聚全國之童男，養之九年，或十年，

"Dedens un lieu oscur; la les met—on toudis

Aveukes males best es; kiens, et cas, et soris,

Culoeres, et lisaerdes, escorpions petis.

La endroit ne peut nuls avoir joie, ne ris." PP. 320-321

經閱各種苦境後，示之以天堂樂境。謂之曰：「若守王之訓諭，則樂境將悉歸所有也。」

"S'il disoit a son homme; 'va-t-ent droit a Paris;

Si me fier d'un coutel le Roy de Saint Denis,

馬哥孛羅游記導言　　一二六七

jamais n' aresteroit, ne par nuit ne par dis,
S'aroit tue le Roy, voiant tous ches marchis;
Et d'euist estre a fources traines et mal mis.'' P. 321.

包杜英決意欲覩此仙境，並欲一覩伊俄林女史之顏也，乃沿報達之路，

''Or avoit a che tamps, se l'istoire ne ment,
En le chit de Baudas Kristiens jusqu' a cent;
Qui manonent illoec par treu d'argent,
Oue cascuns cristiens an Roy-Calife rènt,
Li peres du Calife, qui regna longement,
Ama les crertiens, et Dieu primierement:

* * * *

Et lor fist establir. j. monstier noble et gent,

Ou Crestien faisoient faire lor sacrement,
Une mont noble piere lor donna proprement,
Ou on avoit pose Mahon moult longement. P. 322.

（參觀本書卷一第三十六章註二）

此節寓言，詳攷之，實即馬哥孛羅所述撒馬兒罕之事也。（參觀本書卷一第三十四章）

加利發崩，其子恨基督教徒，人民訴謂待基督教徒並基督教之大臣太寬，加利發子謂嘗誓於先帝前，不可干涉之，故不敢背也。若無此誓，則甚喜加害於基督教徒也。人民乃指紀念石碑，以求曰，

"Or leur donna vos peres, dont che fu mesprisous,
Ceste pierre, biaus Sire, Crestiens demandons;
Il ne le porront rendre, pour vrai le vous disons,

Si li monstiers n'est mis et par pieches et par mons;
Et sil estoit desfais, jamais ne le larons
Refaire chi-endroit. Ensement averons
Faites et acomplies nostres ententions.'' P. 323.

加利發乃遣使召屠馬斯 (Maistre Thumas) 屠乃基督教僧也。至則謂之曰，『碑必棄去。』

'Il a. c. ans ut plus c'on i mist a solas
Mahon, le nostre Dieu; dont che n'est mie estas
Que li vous monstiers soit fais de nostre harnas!'' P. 324.

屠馬斯勞苦多時，召集衆徒，陞壇告災。包杜英與其新感化之信徒波利班斯王適至，包乃告衆，懺悔舊惡，齋戒不食，虔心禱天。衆從之。至第三日，乃有靈異現焉。

"L'escripture le dist, qui nous achertefie

Que le pierre Mahon, qui ou mur fut fiquie,
Sali hors du piler, coi que nul vous en die,
Droit enmi le monstier, c'onques ne fut brisie,
Et demoura li traus, dont le piere ert widie,
Sans piere est sans quailliel, a cascune partie;
Chou deseure soustient, par divine maistrie,
Tout en air proprement, n'el tenes a falie,
Encore le voit-on en ichelle partie;
Qui croire ne m'en voelt, si voist; car je l'en priel" P. 327.

加利發至而觀之，謂是乃妖術。見波利班斯呼之。波利班斯與加利發乃從兄弟也。波利班斯不應其呼，退歸，仍抱信基督眞理。加利發大怒，下之獄。包杜英亦因病，貧乏已極，賣其坐馬及甲仗。然病久不愈，見惡於逆旅主人，被逐。益窮，坐於道旁石上，誓死不改所信，走主基督信徒會地，乞食，無與之者，然終不改信仰，愛敬上帝如故。

"Ensement Bauduins chelle rue cherqua,

Tant qu'a' j. chavetier, Bauduins s'arresta,

Qui chavates cousoit. son pain en garigna;

Jones fu et plaisans, apertement ouvra,

Bauduins le regarde, c'onqnes mot ne parla," P. 334.

有補靴者，心懷慈善，憐之給以食，靴，及灰色大衣一襲。然衣短一尺。補靴者謂包杜英可否學習其業。然包乃勇士，豈堪就此耶。

"Et Bauduins resont, li preus et li membrus;

J'ameroie trop miex que je fuisse pendus!" P. 335.

加利發王議會，表示其懕惡妖術之心，然不知所以攻破基督眞理之方法也。有薩拉森人者，老邁多智慧，能知希伯來拉丁等三十餘國文獻，策於王，可使妖人移動山嶽。

考其策，與孛羅氏所述者無以異也。（參觀本書卷一第七章及下方諸章。）仁惠補靴者，僅爲陪書中正英雄包杜英而已。）王復遣使召屠馬斯至，謂之曰『基督教徒衆，須爲加利發將梯爾山（Thir）移至西方哲京谷（Joaquin）內。』屠心難之，然以上命，不可不從。失望退歸，使書記布告徒衆。衆人聞之，莫不傷心流涕，號泣於教堂內。空中隱隱有聲告曰，『補靴人家居有聖人，求之必得助力也。上帝應聖人之虔禱，必有靈異現也。』衆乃魚貫鴈行，而至包杜英寓所，求之。包初意以爲衆人譏誚玩弄之也。然衆皆以聖人禮待之，爭來摸撫其舊衣。不得已，終乃應衆人之請，與衆人共祈禱焉。

加利發與諸王在宮牖玩談，心中以爲山終不可移也。無已，加利發忽喊呌，謂諸人曰，

"Seignour, par Mahoumet que j'aoure et tieng chier,

Le mont de Thir enportent le d'eable d'enfeir!'

Li Califes s'ecrie; 'Seignour, franc palasin,

Voi'es le Mont de Thir qui ch'est mis au chemin!'

V'es-le-la tout en air, par Mon Dieu Apolin;

Ja bientost le verrons ens ou val Joaquin! P. 345.

加利發由是，乃深信基督眞理，釋波利班斯之囚，願受洗禮，改名曰包杜英，告包氏以彼畏山中老人 Viex de la Montagne 及副徒 Hauts-assis 復爲之述阿薩新天堂事。(assassin's Paradise)因包杜英已被感化，乃揚言伊俄沐女史之美色情愛，足以醫其疾也。然寬待教徒，則未之習也。

''Bauduins, li Califes, fist baptisier sa gent;

Et qui ne voilt Dieu crore, li teste on li pourfent!'' P. 350.

加利發讓其國於包杜英，乞從之征敘利亞，包杜英復讓國於補靴者。

包杜英、加利發及波利班斯親王三人，共至老人山參玩焉。加利發告老人，謂須相助，以抗白良葛德甫雷(Godfrey of Bouillon)老人謂不須給葛德甫雷以炮烙之刑，乃遣其徒一人至其幕，以鋼刀腰斬之。既食，諸人皆出，參閱祈禱角藝。吾前已於某章言之矣。（參觀本書卷一第二十四章註。）次復遊天堂，瞻仰伊俄沝女史。女史乃仙境美人。包杜英見之，魂飛天外，留戀不走。女史素未嘗笑，至是嫣然啟齒曰：「至今所期許之人，始有矣。」包杜英曰：

"'Madame, fu-jou chou qui sui le vous soubgis?'

Quant la puchelle l'ot, lors li geta. j. ris;

Et li dist; 'Bauduins, vous estes mes amis.'' '' Pp. 362-363.

老人大怒，然和顏以語其女。女答不恭，且自謂信基督眞理。父指謂加利發乞殺此女。加利發拔長刃，擊其父，幾砍之爲二。伊俄沝女史、嫣然發願，欲從包杜英

" 'Se mes peres est mors, n'en donne, j. paresis.'' '' P. 364.

以後之事，不必再述。鄙人亦未復再攷，有否取材於孛羅之書也。於本書卷一四十二章註內，鄙人嘗指出，謂包杜英詩中所引聖維羅尼加（St. Veronica）用火浣布爲

手巾事，亦引用孛羅書也。詩中引用孛羅書者，共有七端也。當時詩人借材孛羅氏書，而自加無窮之幻想者，頗不少也。

第七十八節附錄、亨利考狄補。

一千八百九十四年，牛津大學刊斯開德神甫 (Rev. Walter W. Skeat) 所纂之周紹 (Geoffrey Chaucer) 全集內有「康脫白雷寓言起源考 (acconnt of the Sources of the Canterbury Tales) 謂卿紳寓言 (The squieres Tales) 一章，其一來源，即馬哥孛羅遊記也。一千八百三十四年，開雷君 (Keighley) 著寓言及民間物語 (Tales and Popular Fictions) 一書，謂周紹之寓言取材於馬哥孛羅無疑也。斯開德神甫所舉之理由甚多，以證明其所說。有原書可閱，本書不必贅述也。

斯開德之周紹取材於馬哥孛羅之說，教授約翰曼雷 (Prof John Mathews Manly) 嘗於美國近世語會雜誌 (Publications of the Modern Language Association of America) 中，載有論文一篇，討論此事。曼雷曰：『詳考全題，苟周紹取材於馬哥孛羅吾知其必疏忽，或存心將各事混亂，使全體眞僞莫辨，人名，地名，事蹟，盡不可考也。周紹所著之寓言須悉使更作，然後方得謂之取材於馬哥孛羅也。此種解說，不免牽强附會，或又謂周紹時，言韃靼國之書甚少。來源既鮮，恐非自孛羅氏書，不得有此也。然考當時是類書，並不少也。可參觀者，約有六七種也。聚此六七種之說，纂成爲書，皆可使之與馬哥孛羅書，所載相類也。」

一千八百九十九年，倫敦所刊波拉德君 (Mr. A. W. Pollard) 註之周紹鄉紳寓言其中有曰，『曼雷君之文，功勳甚爲不淺，証明斯開德之說，爲無根也。此種問題，已爲複雜，而自斯開德之說出後，乃更爲淆亂也。馬哥孛羅遊記一書，陸軍大佐玉爾先生已詳爲註解，誠爲空前絕後之洪業。周紹著之鄉紳寓言或取材於此等舊書也。韃靼事情諸節，依余所考，周紹著述時，於各書皆未參觀也。周紹或於散佚之小說中，得其事蹟。然周紹既自加潤色，附以粉飾，即不得謂之爲僅取材於馬哥孛羅之書，而其餘各種源來，概置不論也。』波拉德又曰，「書中述大汗賓宴時，席間各人，所衣之華麗服式幾爲目眩。周紹喜彩色旣知有孛羅之書而於不知不覺之中情與難抑之時不表述之誠不可解也。」

第十三章、地理學上所受孛羅氏之影響若何

第七十九節、影響頗遲緩其原因。

馬哥孛羅貢獻於地理學之新知識如此之廣地面上各國風土人情被表揭者又如此其博其書出世後宜乎地理學上大受影響矣。然詳考之所受之影響頗遲緩且享受其貢獻之年代亦甚短也。

考其所以遲緩原因固有數矣。桑他萊姆(Santarem)謂本書出世之後時人多以怪誕山經視之則於冒險小說之中馬哥孛羅之名等於假托。宜乎其影響於世者鮮矣。桑氏此說誠爲諸因之一然尙有數要端尙未爲所舉出者(一)活字版未發明之先印刷甚難傳布不便。(二)中世紀自昔相傳之謬說充塞於地理學及各種學問上欲起學說上之革命蓋等於移山之難。(三)前代之地理學研究上全無科學條理

無學會雜誌等，可以助傳布。一時欲融化宏博新知識，蓋亦猶多食不化者矣。

謬說爲梗，最明暸之比例，莫如斯脫拉波（Strabo）謂裏海（甲斯便海）爲大洋所伸出之海灣，拖雷美（Ptolemy）謂印度洋爲內海，四周有陸地繞之。海羅多都（Herodotus）所說，與近代確情相似，與二君所見完全不同。後代之治地理學者，亦良知有海氏之說，然不能用也。考其故，蓋或不知海氏之說果何所据也。

第八十節、 中世紀宇宙學之大概。

十五世紀中葉以前之地理學者，皆沿守舊說，衣鉢相傳，安於故步，不肯稍研究新知，以改良舊圖，或於近代之遊記中，探搜新說，以增加舊珍也。其胸中所懷之世界觀念，皆傳自教堂神甫，如阿羅修斯（Orosius）或義錫多（Isidore）等聖經舊談，相沿俗說，互相爲用，錮蔽時聰。梭里奴斯（Solinus）尤爲持神甫謬說之偉人也。地面形狀，傳如圓盤。陸地佔盤中大部，四周皆有大瀛海環之，斯說由來尚矣。希臘亞理斯多德嘗著說闢之，謂以吾人所觀察及理想所推測，地之形狀，斷不若是之可笑也。謬說之遺毒於人腦際，阻撓學問之進步，未有如斯說之盛者也。耶路撒冷城佔世界中央，聖經愛賽開爾神人篇（Prophet Ezekiel）即有是說。作聖詩者、豫言耶蘇之死，故世人號爲先知神人。考其所說，與聖經適合。浮世天堂位於地之極東，蓋聖經創世記（Genesis）有上帝建大園於愛敦（Eden）之東之說故也。葛格及馬葛格位於極北，或極東北之境。皆聖經愛賽開爾神人篇所載者也。二國邊圍，有連山峻嶺繞之。山嶺之名，皆見於歷山大王逸史中。名辭可見者甚少，皆由神甫阿羅修斯義錫多等借材於白里內（Pliny）或梅拉（Mela）之書者。其空閑之地，則有阿馬森國（Amazons女人國）阿里馬斯辨國（Arimaspians）拍來斯脫約翰國（Prester John）人類可居之地，作爲Ⓣ形狀大圓圈，丁字分圓圈爲三分。圈內之大部分爲亞細亞洲，餘二分乃歐羅巴洲及亞非利加洲。聖奥古斯丁（St. Augustine）嘗知有此類之地圖云。

第八十一節、羅哲倍庚爲地理學家。

古代拖雷美之地理舊說，似亦未爲當時士人所知。拖氏之說，雖多謬誤，然苟參考之，未始不可使輿圖稍加改正也。羅哲倍庚嘗有志改革地圖，將諸國之眞確位置考定；深嘆拉丁語諸國，地學知識之缺乏。嘗曰吾製地圖，將不用經緯線，因是法拉丁人種，未嘗習之也。羅哲倍庚腦中，雖仍爲古代聖賢舊說所迷惑，然較之他人，已稍進步。白里內及拖雷美謬誤之點，悉加以評論，謂改良地圖，須于當時遠遊紀行諸書中求之也。羅哲倍庚取盧白魯克(Rubruquis)之紀行，研究考問，故於世界北方諸境之記載，悉加糾正。若當時羅哲倍庚能多取材料，他人之紀行書籍，亦得多讀，則地理學上，將有大希望於此人也。惜乎！時勢不爲之助也。倍庚氏嘗用天算之法，定諸地位置，別製新圖，然已湮失不傳於世。

總而言之，十三世紀末造以前之世界地圖，大類於印度神話所傳之宇宙圖，無地理學之性質也。然二圖皆基於當代學問上之眞情，可無疑也。印度之宇宙圖，各地布置形狀，猶如萬花鏡中各影，配置相當，距離皆一也。歐洲地圖，形狀縮緊，猶之豚肉醃而被縮之狀，各方被迫壓現歪斜不端之迹，顯然可見也。黑萊福特（Hereford）市所藏一千二百七十五年製之圖，即此種圖之表式也。晚近牧師倍萬（W. L. Bevan）及斐洛特（H. W. Philott）二君，依式倣製刊行於世，并有論文一篇附之，謂亞洲各地新名之可尋見者，唯撒馬兒汗一城而已。

第八十二節、阿拉伯人之地理學。

自回教紀元起始時，阿拉伯之才人學士等，對於地理學，卽熱誠研究，纂集地理叢書，取材於自己之觀察，或攝取旅行家之遊記，或錄取其他新知識，融貫會通，而成新書。然阿拉伯人所製之圖，皆遠不及其書之宏博也。拖雷美之書，甚早卽譯為阿拉伯文。經緯度表為諸地學叢書中之要品，悉頗精密，而世間所存阿拉伯之地圖，似無用經緯度以製繪者。可見之著名輿圖，悉為圓盤古式。阿拉伯人種聰明才慧，各種學術，皆有進步。對於地理學，初亦頗懷希望，其國明星，如阿布利漢阿爾比魯尼（Abu Rihan al-Biruni）等，皆利用地學，以圖進步，探險鈎奇，遊幸不倦之家，如麻素提（

Mas'udi）等，頗留紀注。皆竭力求地理學之闡進，然終不得十分昌明者，蓋阿拉伯人無製圖才能實爲之梗也，

第八十三節、　長馬利奴薩奴多

一千三百年至一千三百二十年，長馬利奴薩奴多（Marino Sanudo the Elder）繪製世界圖。（一百三十四）至今攷之，薩君之得力於阿剌伯人地理學材料者，頗可見也。薩奴多潛心地學，纂集各書令聲遠聞。此圖猶爲佳作，蓋多年心力所作成者也。

（註一百三十四）薩奴多叢書（Liber Secretorum Fidelium Crucis）著作本意在重興十字軍。其書中世界圖外，另有大圖三。其一已譯載本書序言第九章，爲附加之圖。諸圖外，有年表一，列歐洲及亞洲歷代君主姓名，在位年數，與尼哥拉斯先生（Sir Harris Nicolas）之歷史年表相同也。

薩氏圖中歐羅巴，北非洲，叙利亞，小亞細亞，阿拉伯及其鄰近二海股地位所在，皆頗正當。薩氏博覽羣書，故於諸地之位置，悉詳加斟酌，雖不能十分精確，然亦無大訛謬也。韋支亞（Georgia）鐵門關（The Iron Gates）契丹（Cathay）莫干（Mog han）油甫來梯斯（Euphrates）及梯格里斯（Tigris）三平原，波斯八吉打（Bag-dad）怯失（Kais）亞丁（誤位於紅海別岸）阿比西尼亞（Abyssinia）桑西巴（Zangibar）吉打（Jidda）等地所在，皆與眞情相去不遠。然相沿積習甚深，薩氏終難脫出圈圍也。耶路撒冷城，仍在可居世界圓盤之中心。由敘利亞至極西之格底斯（Gades）與敘利亞至極東印度內地之拍萊斯脫約翰（Prester John）國境，其程相同。阿拉伯海股以外之非洲，依阿拉伯人所改正拖雷美之舊說，在圖中遠向東伸出，幾與印度半島之海岸相接矣。

第八十四節、一千三百七十五年（明太祖洪武八年）之喀塔蘭大地圖，爲中世紀輿圖中包含孛羅氏地理最完全之圖。

依余所見眞正中世紀所製之圖，無相沿之謬想者，即勞倫湘圖書館（Laurentian Library）所藏之博圖拉奴美的修（Portulano Medigeo）之世界圖也。巴爾德里波尼（Baldelli-Boni）君之孛羅遊記附圖，嘗錄載焉。該圖不曾利用孛羅氏之地理，故

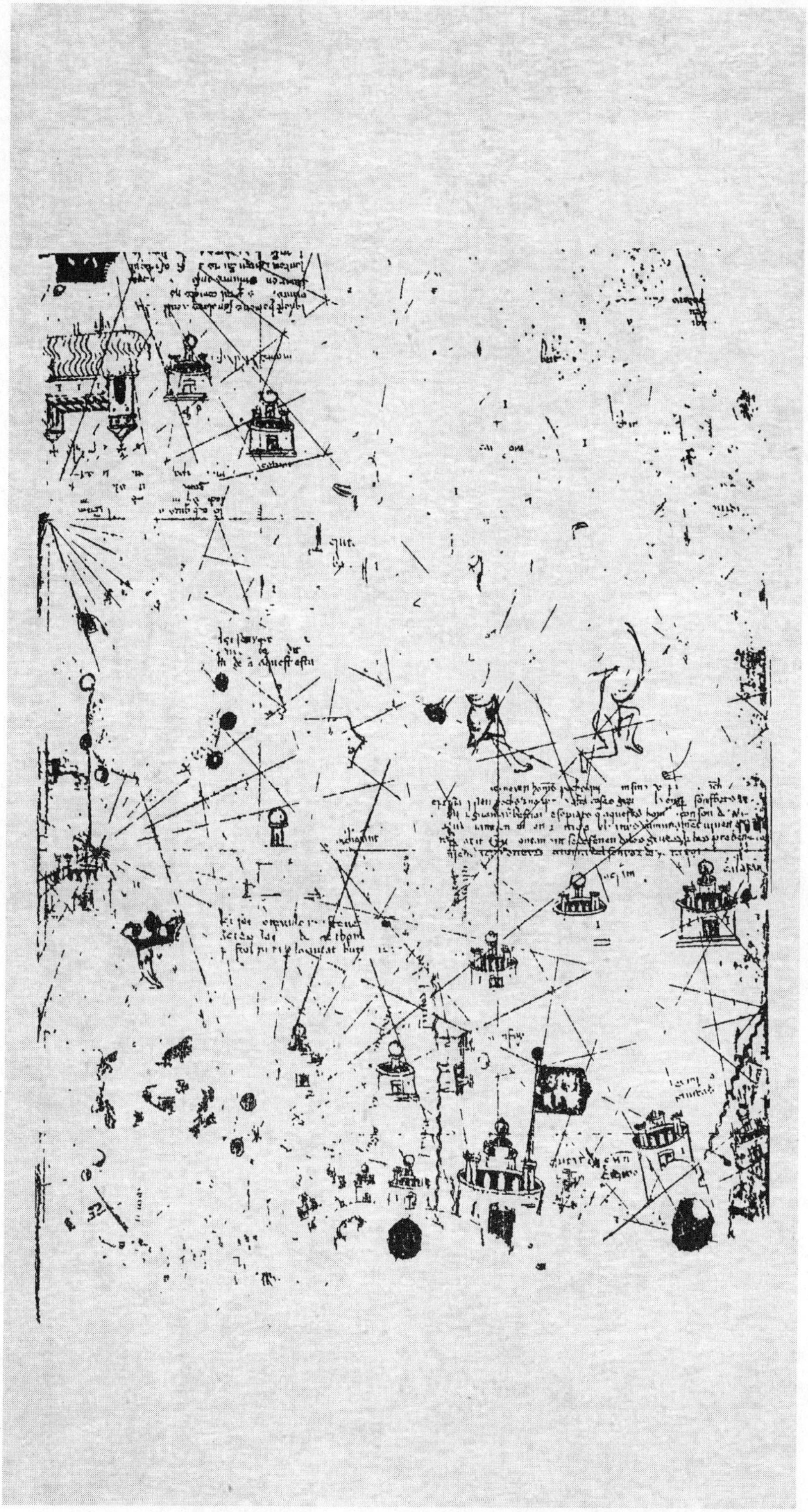

余亦不贅述也。稍後一世，一千三百七十五年時，喀塔蘭大地圖繪製時，取材孛羅之書，頗爲詳悉。該圖今藏於巴黎大圖館，僞科學及宗敎謬說，概擯棄焉。斯圖之製作，乃眞出於良心，由博攷羣書而成，不愧爲千古偉業。余嘗審觀此圖，馬哥孛羅之影響，在地理學上，姑置不言，而在製圖術上，於此乃炳然以著。圖之中央及東部亞細亞所載，悉根於孛羅氏之書。印度諸地，亦半得之於孛羅。唯孛羅氏所用之名辭，多爲顚倒而錯亂。製圖人之如何觀察孛羅氏行程，甚爲不明。惜哉！雖然，小誤不能掩大功也。圖中契丹之位置，與近今支那相合，爲龐然大帝國，佔亞洲東南部。印度東半島（馬雷半島）全付缺如。然印度本土半島，在地理學歷史上，第一次見顯明繪出。其眞狀及地位，與實情相差不遠。蘇門塔臘島及爪哇所在地位，亦頗不誤。哈喇章（Carajan）永昌（Vocian）緬（Mien）及孟加拉（Bangala）諸地，與契丹及印度二國之地理關係，圖中亦頗明瞭。（一百三十五）孛羅書所不載之印度契丹土耳其斯坦西伯利亞諸地，然有見之於他書者，圖中亦悉搜集之。唯孛羅之書，究爲製作此圖之底本。吾所舉之諸地，大概已具。由他書加入之材料，不足以亂大綱也。孛羅若能製圖，遺留於今，吾知其所作者，大概亦不過如此而已。

（註一百三十五）孛羅書所未載，而見於喀塔蘭圖者，例如德梨（Delli）多吉耳（Diogil, Deogir）哥羅曼德爾（Coromandel）海岸之賽泰梅梯。（Setemelti）余意未名或爲教會人所誤，實名爲賽忝吞栢里（Sette-Templi）七寶塔之義也。康貝灣（Gulf of Cambay）頭之康貝東（Cambetun, Kambayat）科新塔耶，（Cocintaya Kokn-Tana 參觀本書卷三第二十七章註。）葛加（Goga）巴羅榀（Baroche）奈魯拉。（Neruala Anharwala）北方則莫爾丹，（Moltan）莫爾丹下方，爲和錫白雷克（Hocibelch）及巴格里多。（Bargelidoa）二地爲今何地，難於查究。依余意，和錫白雷克或爲烏榀巴力克（Uch-Baligh）也。此方之材料，或得自波斯蒙古之書也。

（亨利玫狄補）前數年余嘗詳攷喀塔蘭圖中之遠東部，方得知製圖人所知亞洲東部之事實，乃全取材於馬哥孛羅之書也。喀塔蘭地圖之一段，今揭載於此，以備閱者，有所參觀焉。

第八十五節、　十六世紀輿圖之淆亂，由於欲融和新舊知識之故。

至次世紀孛羅遊記一書，流衍漸廣，讀者益多。發明新地新物之精神，勃然而起。孛羅之書，亦得公正評論。人視之爲眞史，不若前人以大汗寓言（Romann du Grant Kaan）讀之矣。然發明益多，反起紛亂，譬之食物，勉強增加，乃起不化而致胃病。此紀之新發明日有所聞，而當代之地理家，幷未預備如何融化之方法也。故如甫拉毛羅（Fra Mauro 一千四百五十九年明英宗天順三年）之輿地叢書，薈集羣書，斟酌衆說，誠爲不朽之業。然毛羅氏因欲集合新舊說之故，而無選擇棄取之才力，故所述亞洲情形，反致失眞，不如加塔蘭圖之可恃矣（一百三十六）。

（註一百三十六）考此淆亂之起，亦半由毛羅氏堅持古代地圖式如圓盤之謬想，人類可居之地，四周皆有界限故也。

稍後，東西二方，皆大有發明。地理家皆欲合新舊說爲一鑪而冶之。其結果也，至爲不佳。科倫布發現之新地，謂爲馬哥孛羅書中大汗之舊壤。可笑孰甚！亞美利加爲地面上獨立一洲，與亞洲毫不連壤，已爲時人所知，葡萄牙人發現支那之地位，卽爲十四世紀加塔蘭地圖上之契丹乃製圖者，猶爲盲然，將契丹全國，及所有孛羅氏之名辭，移置北方，與支那別爲二國。孛羅氏書至此不獨無功於學問，反使人神經擾亂矣。（一百三十七）孛羅氏之名辭外，又加以古代拖雷美之說。（一百三十八）十六世紀與地家皆奉爲不易之律。其極也，使元黃倒置，是非莫辨，與眞事實相去愈乖離矣。

（註一百三十七）融台馬哥孛羅之大汗國境，與科倫布發現之新大陸者，以一千五百零八年所刊甾肯(Ruysch)之名圖爲最著。一千五百三十三年（明世宗嘉靖十二年）時刊印之某書中有一節，其文之紛亂亦有類此。今錄之如下：『拖雷美表中界限以外之疆域，前此無有言及之者。越秦尼(Sinae)與賽里斯(Seres)（皆羅馬人稱中國之名也。）境，東經一百八十度以外之地，尙有多國，爲威尼斯人馬哥孛羅及他遊歷家所發現。晚近諸國之海岸，復爲基奴亞人科倫布及亞美利哥維斯普乞(Amerigo Vespucci)巡航西洋(Western ocean)時所察勘。亞洲此部，有巴察勞斯國(Bachalaos 即鱉魚島 Codfish 在紐芬蘭 Newfoundland)，佛羅利打(Florida 在美國極南)羅布沙漠，(Lop Desert 中國新疆省境內)唐古忒(Tangut)契丹(Cathay)墨西哥國，(國內有大城曰泰米斯梯丹 Temistitan 建築於大湖之中。前代遊歷家疑卽馬哥孛羅所述之京師城(杭州 Quinsay 因卽名焉)此外尙有巴利

一，

亞國（Paria）烏拉八國（Uraba）及野人國（Countries of the Canibals）等。』

（註一百三十八）一千五百八十九年（明神宗萬曆十七年）正月一號，倫敦市刊印巴克（Robert Parke）英譯之孟多薩（Mendoza）君所著中國史序文中，巴克氏查明支那日本即孛羅與曼德維所言之契丹及奚班古也。

取一千五百二十二年（明世宗嘉靖元年）之歐亞兩洲地圖（Totius Europae et Asiae Tabula Geographica, auctore Thoma D. Ancupario）縱目由西向東觀察，歐亞二洲之北部，作若何之狀態乎？最先爲格林蘭（Groenlandia or Greenland）作一大半島形狀，位於那威瑞典之北。里芬尼亞（Livonia 波羅的海濱州之一）栢萊斯哥維亞，（Plescovia）及莫斯科維亞，（Moscovia）韃靼里亞。（Tartaria）諸部之南，有外西提亞，（Scithia extra Imaum）東界鄂察特斯（Ochardes）及包梯斯錫（Bautisis）二河，河皆歸宗於北冰洋（二河皆取自拖雷美者。）河之南有鄂梨錫斯，（Aureacithis）阿斯米利亞，（Asmirea）及賽里斯（Serica Regio）諸國。再沿海向東，則有白羅國，(Balor Regio) 猶太克老西國。(Judei Clausi) 猶太克老西者，有十族。時人多誤爲流竄之葛格及馬葛格二國也。二國與波里薩科斯河 (Polisacus) 相接。河在北緯七十五度，流入北氷洋。詳攷此河，卽孛羅氏書中之普里桑星河（桑乾河，見本書卷二第二十五章）也。此南爲禿老蠻省。(Tholomon Provincia 自孛羅書) 濱東海者，爲唐古忒契丹喀啦摩蘭河，(Caramoran 卽黃河) 俄曼 (Oman 孛羅書中之基安 (Quian 所誤) 京師 (Quinsay) 及蠻子國。(Mangi)

第八十六節、孛羅氏之名辭，逐漸消滅。

一千五百八十七年(明神宗萬曆十五年)之梅克拖 (Mercator) 掛圖與一千五百九十七年(明神宗萬曆二十五年)之馬及尼 (Magini) 圖相倣，唯較之前代諸圖，爲精密。圖將支那另作一國。一千六百六十三年，(清聖祖康熙二年) 白努氏 (Blaeu) 作圖亦若是。唯拖雷美之貢獻，則僅存一二而已。

一千六百五十九年，(清世祖順治十六年) 桑生 (Sauson) 作圖，孛羅及其他中世紀遊歷家諸記載，皆爲謹愼選擇，然因加入愛德利奚（Edrisi）之材料，乃復起紛亂矣。

以後歷史，可不贅述。自是以後亞洲北部，由俄人探險開拓，支那內地由天主敎牧師（Jesuits）測量。馬丁尼（Martini）氏有精圖可稽。科學日精，而攷地之學，亦隨之以進。戴易斯爾（De l'Isle）及丹維爾（D'anville）二人，尤爲研究亞洲地學大家。古代相沿山經逸話之名辭，逐漸消滅矣。後代之研究孛羅遊記者，其功亦僅在考古，將昔時地名已廢棄或訛傳者，定爲今代何地，助地理歷史家弔古興感之用而已。

（亨利考狄補）余亡友瑞典腦敦斯哥男爵（Baron A.E. Nordenskiold）博學之聲，溢於外國，研究孛羅遊記多年，極著勤勞。（見其一千八百九十七年瑞京斯托克呵摩刊行之拜里勃勒斯書，Periplus）嘗將瑞京王家圖書館所藏之法文孛羅遊記寫本用寫眞法刊印之，以公於世。男爵嘗於一千八百九十九年四月號之地理學雜誌（The Geographical Journal）第三百九十六頁至四百零六頁著其心得，篇名曰，馬哥孛羅遊記影響之及於格斯塔爾狄亞細亞地圖。（The influence of the "Travels of Marco polo on Jacobo Gastaldi's maps of Asia) 男爵謂依彼所知所有盡心研究孛羅氏地理者，無一人能知歐洲刋印之地圖有受孛羅氏影響者。彼願指出一圖，其中地名，有見諸孛羅遊記者，熱心考證地理歷史專家，諒皆欣聞也。十六世紀中葉，有格斯塔爾狄（Gastaldi）製之亞洲第一，第二第三等部之輿圖受孛羅氏之影響甚著。所有賴麥錫刋註之馬哥孛羅遊記中地名，悉見於雅各格斯塔爾狄（Jacob Gastaldi）繪製之亞細亞地圖也。

（亨利攷狄案）上節玉爾先生及余所言之加塔蘭地圖，亦嘗利用孛羅氏名辭，可覆案也。

第八十七節、　馬哥孛羅輸入活字版印成書籍於歐洲說。

地理學上要識輸入歐洲之外，尚有他要事一端，相傳爲馬哥孛羅自東亞輸入歐洲者，於本章之末，似亦不可忽也。

航海羅盤針，與火藥二者之輸入，以余意測之，皆與馬哥孛羅無涉也。唯近年以來，活字版印書術之傳入歐洲自某最可恃之源，謂與遊歷家孛羅氏有關。其說如下：

『十五世紀初葉，肥爾透（Feltre）地方人潘肥羅喀斯塔爾狄（Pamphilo Castaldi）受傭於共和政府，淸寫證書及勅令等公文。……每節文書之第一字，皆飾以朱紅或塗金字。』

『據桑沙維奴君（Sansovino）之考證，謂阿桂里（Aquiloea）地方主教彼得那塔里（Pietro di Natali）稍前若干時，已於木拉奴（Murano）地方造成玻璃印，用以印刷公文首端第一字母，其餘之字以後再用手塡寫。……喀斯塔爾狄（P. Castaldi）君，嘗見有名遊歷家馬哥孛羅自中國攜歸書籍數種，全用木版印成者，因之喀君改良以前之玻璃印，復將他字，全用木版或金版印之。每版僅有一字，可以隨時移動。刻版存留備字甚多。一千四百二十六年時，（明宣宗宣德元年）喀君用此，在威尼斯市印成篇章甚多。有數篇，尚貯藏肥爾透地方圖書館。……』

『相傳德國馬因次城（Mayence）人約翰佛斯脫（John Faust）……與

喀斯塔爾狄君相友識，嘗至肥爾透地方喀君之印刷局，同居多時云。此說至今不衰也。』

由此而印刷事業之大發明，乃得現矣。冠仁君（Curzon）復謂喀斯塔爾狄生於西歷一千三百九十八年，（明太祖洪武三十一年）卒於一千四百九十年。（明孝宗弘治三年）上方所記之事實，彼嘗於一千八百四十三年（清道光二十三年）十二月二十七日威尼斯市出版之剛代利爾報（Il Gondoliere）第一百零三號，雅閣發生博士（Dr. Jacopo Facen）所著之論文見之。發生博士者，肥爾透人也。以後冠仁君又論其事如下：

『古代木版書籍，雖皆無印刷年代，然吾可信甚多書籍，其印成年代，皆較活字版印成者為早。各種表觀，皆與中國書籍相類。其印刷術，似乎完全自中國抄襲者。字皆印於紙之一面。古代德國荷蘭之木版印成書籍，其裝訂法，亦與中國書相同。無字紙面，相對而摺，有時以糊精聯之。各字不用印書墨，而用棱色漆水，極稀薄，與吾人所稱印度墨相類，中國書皆用此印成者也。德國中國之木版書，無一不相同也。…………吾人可以推想印書術，必自古代中國書籍樣式抄襲者。古代遊歷家，自中國帶歸書籍，而其人名則惜已失傳矣。』

冠仁君又指出相沿之傳說，謂古呑白（Guttenberg）嘗自喀斯塔爾狄得知印刷術。指出某事證明古呑白實與威尼斯市有關。（非前言之佛斯脫）相傳馬哥孛羅嘗自中國帶回書籍印成樣式，似亦有理也。

近年此說，盛行于意大利北部，結果乃有肥爾透地方公立潘肥羅喀斯塔爾狄專像之建設。其鐫文云，

『意大利國謹建潘肥羅喀斯塔爾狄專像，表彰其創造活字版之印刷術。功德在世，豈容久湮。』

余于孛羅遊記第一次出版時，已有專註，詳言此說証據之不根。此註與今此之論文，威尼斯市白爾希脫（Comm. Berchet）君嘗譯成意大利文而刋布之。然余所言者，迄今雖無人能反辨，而終亦不能使彼信此愛國奇談者有動于中也。

意大利北部蘭巴德省（Lombardy）之業印刷者，既為喀斯塔爾狄建像矣，然苟如是，則西班牙國人何不可於胡爾華港（Huelva）建引港人阿蘭沙桑歇次（Alonzo Sanchez）之專像乎？西班牙之歷史家固亦有言桑歇次君實發現新大陸，卒於竇賽拉（Terceira）地方之科倫布私寓，科倫布狡猾成性，盜竊桑歇次之紀行日程，加以竄改，而偽謂為自己之發明，以盜奪原人之榮譽也。

肥爾透之人，若誠有意於本城之榮譽，則此無根據之傳說，鐫在石像之下者，摩滅之可也。喀斯塔爾狄果獲此像而無愧，使此像立至永久後世可也。若其不然，則投之祝融，亦無損於眞名也。吾意寇仁君所引之說，猶之說謎者之競智也。造此說者，固不知以後之結果乃如是，雖欲收回，亦不敢也。

第八十八節、　馬哥孛羅以後時代，輸入機會甚多。

寇仁君所言中德兩國印書及裝訂法，極相似，頗堪注意。德國及以後歐洲各國之印書術發源於中國，似已明瞭，全無疑竇矣。肥爾透地方相來傳說，馬哥孛羅之名，所以牽入者，余意觀之，別無理由，僅因孛羅氏在遊歷東方諸家之中，最爲顯著而已。十四世紀時代，中國內地各城邑皆有羅馬教會之牧師，佛蘭錫斯根派之僧人。不獨此也，裴哥羅梯（Pegolotti）通商指南書中之前二章，已指示意大利商人，謂由意大利陸道至中國，其間有便捷之商道在矣。自阿速夫海（Azov）濱之塔那港（Tana）起程，經阿斯脫拉甘（Astrachan）斡脫羅兒（Otrar）及柯模里（Kamul今哈密）諸地，可達中國也。馬哥孛羅之外，旅行至中國者，難以數計，皆可携歸活字版印成之書也。馬哥孛羅遊記書中，中國印刷術，竟無一字道及，似尤證明印刷事業之輸入歐洲，與孛羅氏無涉也。祖之者，代爲曲說，謂孛羅書中某節，雖未明言，然已暗示其在中國實嘗知之也。唯勉強附會，吾人所不取也。

（烺案）祖孛羅氏之曲說，可參觀遊記本書卷二第二十四章，大汗發行鈔幣，已明言印成矣。

（烺誌）一千九百十年時，當余留學德國之際，有柏林高等商業學校學生博沙德（Bochard）者，與余友善，嘗就余訪問中國書籍中有無關於畢昇活字版發明之記載。苟有之，願以重價購求，彼將据以作博士論題證明此術之發明，實非德國之古吞白（Guttenberg）云。余致書至中國家中求訪之。家中有明板宋沈适夢溪筆談一書，其中記載此事。顧與博君交換測高儀器表一具，表値九十馬克。博首肯。書既寄到德國交於博君之際，談及馬哥孛羅遊記一書。余素研究化學者也。孛羅之書，少時嘗耳聞其名，惜未得讀其書。聞博君之譚話，心中極欲一讀之。問博君有此書否。博君云，可往柏林皇家圖書館中代借之。問余欲英文者，或德文者。余當時以讀英文較爲便捷，故請代借英文者。博君翌日乃携至余舍中英國亨利玉爾所注之馬哥孛羅遊記。世界上最新最後之宏著也。余讀竟而覺興味十分，交還博君後，往書肆祈向英國代購一部。書價共値六十五馬克，當時合中幣三十三四元。自此每逢悶鬱無聊之際，輒取而讀之，以消磨時日。久之閑熟書中一切。民國二年余在南京時，卽開始翻譯。不久卽兵亂，輟業數年。民國六年往東養痾，稍事譯注，不久又停。今又補續前業。余之得知有玉爾之書，自博君始。不圖今日余亦爲註釋孛羅遊記之一人。今日世界大戰已停，博君之生死不知，蓋不通魚雁者已多年矣。特書數語以誌緣起，不忘佳會。

宋沈括夢溪筆談卷十八。〇板印書籍，唐人尚未盛爲之。自馮瀛王始印五經，已後典籍皆爲板本。慶歷中，西歷一千四十一年至一千四十八年有布衣畢昇又爲活板。其法用膠泥刻字，薄如錢唇。每字爲一印，火燒令堅。先設一鐵板，其上以松脂臘和紙灰之類冒之。欲印，則以一鐵範置鐵板上，乃密布字印，滿鐵範爲一板，持就火煬之，藥稍鎔，則以一平板按其面，則字平如砥。若止三二本，未爲簡易，若印數十百千本，則極爲神速。常作二鐵板，一板印刷，一板已自布字。此印者纔畢，則第二板已具。更互用之，瞬息可就。每一字皆有數印，如之也等字，每字有二十餘印，以備一板內有重複者。不用則以紙貼之，每韻爲一貼，木格貯之。有奇字素無備者，旋刻之，以草火燒，瞬息可成。不以木爲之者，木理有疎密，沾水則高下不平，兼與藥相粘，不可取，不若燔土，用訖，再火，令藥鎔，以手拂之，其印自落，終不沾汚。昇死後，其印爲羣從所得，至寶藏之。

第十四章、今譯所据底本之說明。

第八十九節、馬斯敎及鮑梯二人所据之本。

今譯所据底本，吾人於此，不可不有數語解明之也。

賴麥錫之意大利文馬哥孛羅遊記馬斯敎英譯所据之底本也。馬氏之書，譯文正確，無可誹難。馬氏譯本出版時，法文寫本馬哥孛羅遊記，爲世所罕見，惜馬氏未得讀之。法文寫本書，爲馬哥孛羅遊記最初之本，獄中口授，羅斯梯謝奴筆錄，俱載當時二人，原有之精神者也。翻譯法文寫本遊記吾人可稱之爲原譯也。賴麥錫意大利文之馬哥孛羅遊記以余攷之已爲重譯。賴麥錫取數種遊記本書匯而譯成意大利文加以潤色。馬斯敦又取賴麥錫之意大利文而成英譯，不啻爲第三次重譯。馬氏之譯文雖佳，而去原著者之精神文體已失之遠矣。法國鮑梯君（M. Pauthier）所据之諸本爲余前所言之第二類寫本。從古及今無有刋印之者，世人得讀之者亦少，然諸本皆得原著者之精神。鮑梯氏据之以爲底本，誠識之矣。惟依据原本而刋印之，翻譯之，又非吾人之所需要也

第九十節、今譯不依据一種原文，乃選擇諸本而譯成者。

余前已言譯文，而不取材於法國地學會寫本孛羅氏遊記者，不得稱爲正確完備之孛羅遊記也。然法國地學會寫本孛羅氏遊記，文辭鄙俚，重複甚多，全無修飾，吾人全据之爲譯文底本，則又誤矣。余今之譯，先將鮑梯氏遊記之本譯成，原爲口授時難免冗長之處，謹愼刪略之，然大抵皆存眞狀。鮑梯翻譯時，已非完全依据原本，余亦從

之。鮑氏譯文，余又取與原文校對，鮑梯氏之本，既譯竣，余將余之譯文，與法國地學會寫本孛羅氏遊記互對，地學會寫本內，有被删除者，及有特別興味者，鮑梯氏本內删除過多，余皆加入之。最後又取賴麥錫意大利文譯本較之，有特別者，以鄙意察之，似爲眞確，故亦加入，附以括號，以作標識，而不使文體變劣。賴麥錫本內，復有多節，不能與諸本相合者，余則置之註內。（一百三十九）

（註一百三十九）俄國康尼闊甫 (M. de Khanikoff) 君，爲當今有名之博學家，不以余之選擇諸本而譯爲然。惟余意翻譯者，與刊行者之責任不同。馬哥孛羅遊記各種寫本，時有大相出入之處。翻譯者之責任，尤與刊行者不同。余思諒四五年，終以當初之計劃選擇各本爲是，雖有錯誤，然別無他良法可補救也。

康尼闊甫君，苟試爲俄文馬哥孛羅遊記之翻譯，余意其最終之計劃，亦必與余相同也。

（漢譯附誌）賴麥錫意大利文馬哥孛羅遊記本內，奇異諸節，以鄙意觀之，確爲馬哥孛羅出獄後，親筆加入者，眞實無疑。亨利玉爾英文原本置之註內者，漢文譯本中余悉提出置之本文內，而加雙括號以標識之。

第九十一節、翻譯人名地名之寫法。

馬哥孛羅遊記書中地名人名及借用外國字在各種寫本內時有大不相同之處。余則悉依法國地學會寫本及鮑梯氏三種寫本之眞確拼寫法改正之偶有數名不依此例也。

各寫本內人名地名有數見者拼寫皆不同余則取其最近正音者而留之其他皆改從之例如法國地學會寫本內巴達哈傷作 Baldasciain，又作 Badascian，又作 Badascian，又作 Badausiam 又作 Balasian 余則取 Badascian，或用今英文拼寫法 Badashan，因與正音巴達克山（Badakhshan）最相近也。又如柯比南地方作 Cobinan，又作 Cabanat 又作 Cobian，余則取其最先之一名因其與 Koh-bena n 地方正音最相近也。孛羅遊記卷一第二十三二十四兩章內法國地學會本有 As-isim，或 Ascisin 或 Asescin，之名鮑梯氏三種寫本內作 Hasisins 或 Harsisins，余則取 Ascisin 或英文拼寫法 Ashishin。其理由如上。又起兒漫地方作 Cremain，或Crernan，或Crernain，或Querman，英文拼寫法作Kerman。又忽里模子地方，作Cormos，或Hormos，其他類此者甚多。(二百四十)

(註一百四十)馬哥孛羅語中常用C字以代H字之音，例如Cormus=Hormuz；Camadi=Hamadi；Caagiu=Hochau，Cacianfu=Hochangfu。此等字，或可爲筆錄人羅斯梯謝奴之特別拚音。羅氏者，意大利禿斯干尼(Tuscany)人，土語聲韻，有不同也。

又有二三名字，不見他書，爲余所自寫者。譬之測量師用儀器以測視，每次所測之數，各不相同，不得已而取其均數也。余之拼寫此二三名字，不根據一定之書，亦類是矣。

孛羅書中之人地名，雖在法文諸寫本中，其拼寫法，大抵皆仍沿意大利之式。今刊譯英文本實無須保存此意大利之舊式也。故余擇諸名中之最近正音者，而用英文拼字法寫之。例如舊式之Badascian，Pasciai，Querman，今皆改作Badashan，Pashai，Kerman也。(二百四十一)

（註一百四十一）威尼斯市土語 ch 與 j 之音，皆與英文相同，而不與意大利文相類也。例如 Coja，Carajan，Vanchu 等字是也。唯最初筆錄人，爲禿斯干尼地方人，其拼寫法，大抵皆依其地土語而作也。書中之 Qu 音，則法文之音也。例如 Quescican，Quinsai 是也。Quenianfu 一字之讀法，或略不同也。

馬哥孛羅遊記書中，東方人地名之拼寫，及東方人所用各種語辭，吾人苟略費神，尋求其眞正格式，乃知所見者，皆意大利文極正確之拼寫法，而世人有稱之爲『胡亂寫』者，（一百四十二）蓋亦未深研究也。註釋家亦有強行改竄者，誠不思之甚也。例如 Cocacin，Ghel，Ghelan，Tonocain，Cobinan，Ondanique，Barguerlac，Argon，Sensin，Quescican，Toscaol，Bularguchi，Zardandan，Anin，Caugigu，Coloman，Gauenispola Mutfili，Avarian，Choiach 諸名，有數註釋家批評，謂爲無意識之誤寫，殊不知此數名者，其音實正確，無可疵議也。

（註一百四十二）雷勒維君（Joachim Lelewel）爲研究中世紀地理學之熱心家，特指孛羅遊記書中之刺桐港（Zayton）京師城（Kinsay）二地名，爲胡亂寫。殊不知中世紀在留中國之外國人，皆稱二城以此名也。

法國著作家，拼寫中國州字，爲 I.Cheou，英文拼寫法，多作 Choo, Chow, Chau，孛羅遊記書中，幾於悉作 giu，中國地名後，多有此州字也。各種抄寫及刊印之馬哥孛羅遊記，因此多將原文 giu 改作 gui，又進而訛作 guy，以致有不可辨識者，亦屢見之矣。孛羅遊記中地名之有 giu（州）字在後者甚多，例如 Caagiu（絳州）Singiu（鄭州），Cuigiu（貴州），Singiu（濟甯州），Pigiu（邳州）Coigangiu（淮安州），Sigiu（徐州），Tigiu（泰州），Tingiu（通州），yangiu（揚州），Singiu（眞州）Caigiu（瓜州），Chinghigiu（常州），Sugiu（蘇州），Vugiu（湖州）等其他尙不甚枚舉也。唯有一二地名其末尾不作 giu，而作 Ciu，例如 Sindaciu（宣德州），Caiciu（開州）是也。

每章題名，皆仍鮑梯氏之本而書，唯此非原文要處也。須改者，余則略爲變更，或增加數語也。

（漢譯凡例附誌）孛羅遊記中之中央亞細亞及南洋印度諸地名，中國史書已有之者，雖音或略爲不正，然吾皆取之。一則使讀本國歷史地理者不再費腦力記臆新名辭；二則使讀者易於知識中國古代名辭；三則西人記載時各不同，若皆以中國固有名辭譯之，有統一之譯法也。例如討來思（Tauris）之名，已見明史，不更造新名辭也。有一地名，而中國歷代史書記載，已有不同者，吾則取其見於元史或元代人之著作中者。例如 Badakshan，玄奘西域記作鉢鐸創那，元史地理志作巴達哈傷，明史外國傳作八答黑商，清四裔考作巴達克山，吾則取巴達哈傷也。孛羅氏爲元之臣，故吾人取名，亦當取元代時之名也。元史地理志不載者，則取之經世大典西北地圖也。長春西遊記，劉郁西使記，皆有取材焉。中國內地之名，悉依元史地理志所載。人名亦如之。有時元史中卽已不同者，吾則取其最多見者。西字原名，列於下，加括號，以標識焉。

又有北京之名。元時，蒙古人稱之爲 Khanbaligh，譯之卽汗城也。西人當時之記載者，拼寫法甚多而讀音亦各異。例如有作 Kambalu，或 Cambalu，或 Cambalech，或 Cambaliech 或 Cambaleschia 者。一書之內，而譯法互異，極爲淆亂混目，吾故譯作汗八里。蒙古人稱城爲八里也。元史地理志西北地附錄，及經世大典西北地圖地名以八里見稱者甚多。例如彰八里，塔什八里，別失八里等是也。

譯書方法，及譯本書之價值，玉爾先生皆已於第十四章及第十章第五十九節註一百二詳言之矣。歐洲今代各國之文字，皆淵源於拉丁希臘。法文意文西班牙文葡萄牙文尤相近。書本皆可逐句逐字對譯，倘有此弊。漢文與歐文自古即風馬牛不相及。漢文一字之義，譯以歐字，其義或太廣或太狹。反之歐文一字之義，譯以漢字，其弊亦猶是。故中人譯歐書，或歐人譯漢書，皆當按句而譯，不可隨意增減也。英人法人德人所譯漢文書籍甚多，皆依此法。僅將漢文句變爲歐文句而已，絕無增減，或錯亂句位之事。近代日本人之譯歐文書，亦依此法。蓋皆深明譯述人編纂人，註釋人刊行人之分別責任也。近代中國所稱佳譯，蓋皆不明悉譯述人之責任，任意增減，倒亂句位，以求合於中國舊文章之筆勢起落，而不知其離原意已遠矣。設使近人所稱佳譯，亦經七八次之展轉重譯後，再譯成歐洲原文，其最初本與最後本之比較，吾恐尚不及一鎊與二三先令之比較也。故今此之譯，悉逐句對譯，懷疑之處，或應增減之處，另有案語及註文也。賴麥錫本馬哥孛羅遊記，號爲佳譯。今代西人考證，往往有與他本大相出入之處，致黑白殽亂，是非不明。蓋譯者亦不明譯述人之責任，隨意增減，故有今日之疑難也。

原註免譯者，在目錄中皆已依原號數標明。免譯之處，大抵皆爲解釋原文字義，或古代外國詩歌，無關於史地學者。總共免譯之原文，不及四五張，而增補者則幾百倍之。今譯爲能讀漢文書者而作，故漢文古代之記載解釋，尤注意之也。

導言中註譯，皆玉爾氏原註，補註則加補註人之名姓。

附錄甲

元經世大典西北地圖及元史地理志西北地附錄中西地名對照表。

（一）察合台國東面及南面國名，地名。

沙州	Sachiu
柯模里	Kamul, Hami
塔失八里	Tashbalik
圖伯特	Tibet
天竺	India
怯失迷兒	Kashmir

（二）篤來帖木兒帝國版籍所屬國名，地名。

途魯吉	Turkestan	可不里	Kabul
柯耳魯地	Karluks	途思	Tus

畏吾兒地	Uigurs	不花剌	Bokhara
哥疾寧	Ghiznin or Ghazna	的里安	Daran
巴達哈傷	Badakhshan	忽氈	Khodjend
忒耳迷	Termed	可失哈耳	Kashgar
那黑沙不	Nakhsheb (Karshi)	柯提	Kath
撒麻耳干	Samarkand	巴補	Pap
麻耳亦囊	Marghinan	倭赤	Uch
忽炭	Khotan	柯散	Kasan
兀提剌耳	Otrar	八里茫	
訛跡邗	Uzgend	也云赤	
苦叉	Kucha	普剌	Pulad
阿忒八失	At-bash	阿力麻里	Almalik

察赤	Chach (=Tashkend)	亦刺八里	Ilibalik
也迷失	Emil (=Imil)	合刺火者	Karakhodjo
魯古塵	Lukchak	別失八里	Bishbalik
他古新	Toksun	仰吉八里	Yangibalik
古塔巴	Khutukbai	彰八里	Djambalik

(三)月祖伯帝國版籍所屬國名，地名。

撒耳柯思	Circassia	阿蘭阿思	Alans or Ases
欽察	Kipchak	阿羅思	Russia
不里阿耳	Bulgar	撒吉刺	Solgat ?
花剌子模	Khwarizm	賽蘭	Saïram
巴耳赤邗	Parchin	氈的	Djend

(四)不賽因帝國版籍所屬國名，地名。

八哈剌因　Baharain

八吉打　Bagdad

忽里模子　Hormuz

設剌子　Shulistan

苦法　Kufah

兀乞八剌　Okbara

設里汪　Shirvan

乞里茫沙杭　Kirmanshahan

那哈完的　Nahavand

撒瓦　Savah

低廉　Dilem

西模娘　Simnan

怯失　Kish

孫丹尼牙　Sultania

可咱隆　Kazerun

泄剌失　Shiraz

瓦夕的　Vasit

毛夕里　Mosul

羅耳　Lor = Luristan

蘭巴撒耳　Lembesser

亦思法杭　Isphahan

柯傷　Kashan

胡瓦耳　Khovar

阿剌模忒　Alamut

可疾云	Kazvin	阿模里	Amol
撒里牙	Saria or Sari	塔米設	Thamiseh
贊章	Zendjan	阿八哈耳	Abhar
撒里荒	Takht i Soleiman	朱里章	Djurdjan
的希思丹	Dihistan	巴耳打阿	Bardaa
打耳班	Derbend	巴某	Bamian
塔八辛	Thabessan	不思忒	Bost
法因	Kain ?	乃沙不耳	Nishabur
撒剌哈夕	Sarakhs	巴瓦兒的	Baverd
麻里兀	Maru, Merv	塔里干	Talekan
巴里墨	Balkh		

（五）不賽因國西面國名，地名。

吉思塔你 Konstantinah, Constantinople.　的迷失吉 Damascus

迷思耳 Misr, Egypt　丹牙 Damiat

案經世大典西北地理圖，原載於元經世大典中，明時永樂大典嘗錄載此圖。至清代二書皆散佚。經世大典爲研究元朝事情要書，永樂大典爲世界從古至今未有之大書。皆竟散佚，誠爲中國學術史上之憾事，亦全世界研究中國學問者之不幸也。前清咸同之際，俄國駐北京教會，搜求中國古書甚衆，多爲稀世之珍，中有經世大典一卷，記元時中國本部及蒙古各地驛站之名，今此書藏於莫斯科魯密安索甫博物館（Rumiantsoff Museum）內。同時，又自中國內府抄錄經世大典西北地理圖一幅，帕雷狄斯總主教（Archimandrite Palladius）之俄文譯本長春眞人西遊記曾揭載之，毫無說明或考證也。道光末，邵陽魏源著海國圖志百卷，爲近代偉作。嘗自永樂大典中錄出經世大典西北地理圖，揭印於卷三元代疆域圖後，此圖係第一版海國圖志有之，以後重印諸版，竟將刪略，誠可駭異也。亦毫無說明，魏氏不獨不解此圖，乃覓以一已幻想另製元代西北疆域沿革圖。可笑孰甚。魏氏之書，馳名海外，東洋西洋之治地學者，皆交口讚美之。法國久良氏（Stanislaus Julien）所著之亞洲地學雜錄（Melanges de Geographie Asiatique, i. I24 seq.）有長篇評論文，多嘉美之辭，唯對於經世大典地圖不贊一辭。似乎不解所謂者。原圖南方在上而北方在下，有細綫方格甚多。細線之外，又有重線，亦僅長直線，無川河湖海山嶺。初視之，絕不以爲地圖也。前清光緒初年，有俄國北京使館醫官白萊脫胥乃竇博士（Dr. Emil Bretschneider）者，潛心研究中國歷史地理，尤關心於元朝時代中央亞細亞之歷史地理。於同治十三年。（一千八百七十四年）至光緒二年（一千八百七十六年）之間，發刊心得甚多。光緒十年時，受英國德魯伯諾公司（N. Trübner co.）之聘請，編纂中央及西部亞細亞中世紀之地理。至光緒十三年，（一千八百八十七年）全書告成。第一卷，元時中國西遊諸家之記載。第二卷元時亞洲西部諸民族，及中國史書記元初西征事蹟考證。第三卷，即經世大典西北地圖，及元史地理志西北地考證。第四卷，明初中國與中央亞細亞之交涉，明史西域傳及明一統志西域傳攷證。全書總名爲中世紀中央及西部亞細亞研究（Mediaeval Researches from Eastern Asiatic Sources. Fragments Towards the Knowledge of the Geography and History of Central and Western Asia from the 13th to the 17th Century）參酌中西之說，精確無比，爲東西治元史者所依據。前清光緒中葉，駐俄使臣洪鈞亦受俄人熱心元史之影響，譯纂元史譯文證補一書。始有地理志西北地附錄釋之作。多依白氏之書，白氏之名洪譯作裴知乃耳德。唯洪氏不解西文，僅據使館舌人傳譯，而舌人不好史地，受命敷衍，致僅譯出十之一二，甚可惜也。洪氏之書出版後，中國士人之耳目，爲之一新。以前中國士人如李文田何秋濤魏源徐松等，好學之誠，雖在外國猶足使人起敬，斷非今日之皮毛名士所可及。然元秘史註朔方備乘海國圖志西域水道記諸書，關於元朝西域之地理，謬誤甚多，難以枚舉。則以耳目不廣，見聞甚狹，不足爲諸人之責也。今代吾國書籍中有元史西北地考證者，則有武進屠寄之蒙兀兒史記，杭縣丁謙浙江圖書館叢書第二集元經世大典圖地理考證二書。皆依據洪氏之書，爲底本。屠氏則又加入日人那珂通世之說，而那珂之說亦皆取材於白萊脫胥乃竇之書也。

附錄乙

元代西北三藩源流略記

成吉斯汗臨終遺命將所征服諸地分給朮赤（Djuchi）窩闊台（Okkodai）察合台（Chagatai）三子。長子朮赤與二子察合台不和，故以第三子窩闊台嗣大汗之位，君臨中國本部，蒙古西藏安南等地。二子察合台則封以土耳其斯坦及阿母河北諸地。長子朮赤則封以裏海北，阿拉爾海周圍，俄羅斯及波蘭等地。朮赤早卒，乃以其地分給朮赤諸子。朮赤後裔，俄國史皆稱之爲金黨汗（Golden Horde）而回教著作家則皆稱之爲德胥忒克勃察克汗，（Desht Kipchak）（元朝秘史吉卜察克）簡稱之爲欽察汗（元史作欽察。卽吉卜察克之轉音）建都於撒雷（Sarai）在窩爾加河枝流阿克吐巴河（Akhtuba）之畔。回教世界征略家傳記（Tarikh Djihan Kushai）謂欽察汗之疆域，西至韃靼兵馬所踐諸地。（多瑙河邊）元史卷一百十七朮赤傳謂其封地在西北，極遠，去京師數萬里，驛騎急行二百餘日方達京師，以故其地郡邑風俗皆莫得而詳爲成吉斯第四子拖雷（Tului）僅得喀拉和琳山及斡難河（Onon）源間之食邑，與成吉斯之私產而已。窩闊台之子貴由大汗（Kuyuk Khan）卒後，拖雷長子蒙哥（Mangu）得拔都之援，以西歷一千二百五十一年（理宗淳祐十一年）即大汗之位，拖雷子孫，由是遂得爲東亞之君長。窩闊台子孫不服者，皆流徙遠方。窩闊台封邑原在也迷里河（Imil）畔，今朱古簌克（Chuguchak）地方之西南。窩闊台子孫，既與蒙哥大汗有隙，乃築壘其地，作固守計。海都（Kaidu）者窩闊台第五子合失（Kashi）（名見元史卷一百七諸王世系表）之子也。以成吉斯有命窩闊台不絕嗣，大汗之位，當永歸窩闊台子孫所有，故於世祖即位後，不承認大汗之位，移歸拖雷子孫，乃征服土耳其斯坦之大半，與忽必烈大小四十餘戰，前後相峙三十餘年，爭大汗位也。

察合台封地爲阿母河北，（Mavar-an-nahar = Transoxiana）花剌子模（Khorazm）之一部，畏吾兒（Uighur）喀什噶爾（Kashgar）巴達哈傷（Badakshan）及哥疾寧省（Ghazna）直至印度河而止。都城初在別失八里（Bishbalik）

後移至伊犁河畔之阿力麻里，（Almalik）（近今固爾扎又名寧遠城）（Kuldja）世祖時，海都爭大汗之位。以一千二百七十二年，（至元九年）擁立篤哇（Dua）爲察合台國汗，遂與海都結生死之盟。海都各次戰爭，篤哇皆出兵相助。海都封地，初在北方。迄後察合台國大部亦歸海都管轄。海都與察合台汗之疆界，頗不清晰。自各史觀之，海都所轄境域，爲喀什噶爾葉爾羌天山南麓諸地，東至合剌火者（Karakhoja）（又名火州或作交州）而止。塔剌斯河（Talas）流域，天山以北諸地，西起巴勒克什湖（Lake Balkash）東至察罕淖爾（（Chagan nor）而止。又今俄領西伯利亞煙尼塞河（Yenisei）上流，至也里的石河（Irtysh）（今代又作額爾齊斯河）而止。以上大抵皆海都之地也。一千三百零一年，（元成宗大德五年）海都卒，其子察八兒（Chabar）與篤哇降附成宗（元史成宗本紀，大德四年九月甲子，賜諸王察八兒所部萬五千四百餘錠，大德八年九月癸酉，諸王察八兒朶瓦等遣使來附，賜以幣帛六百匹）篤哇與察八兒二人，不久失和，篤哇盡奪察八兒之地。察合台國舊壤，遂復統一，與海都以前相同。窩闊台後代如何，各種史皆無詳細記載也。元文宗天曆二年，詔修經世大典時，中央亞細亞似僅有察合台汗一國。故西北地理圖及元史地理志西北地附錄，皆列畏吾兒，土耳其斯坦，阿母河北，可不里，（Ka-bul）新唐書作迦布邏巴達哈傷諸地爲篤來帖木兒（Dure Timur）所屬也，察合台國諸汗，多森（d'Ohsson）蒙古史第四册，有察合台汗世系表，今特取譯，而與元史卷一百七宗室世系表，察合台太子位下諸名互參，比元史誤者，可就以更正也。

（一）察合台（Chagatai）成吉斯汗第二子。一千二百二十七年卽宋理宗寶慶三年就封。

（二）合剌旭烈（Kara Hulaku）察合台之孫。卽位於一千二百四十二年，卽宋理宗淳和二年。

（三）也速蒙哥（Yissu Mangu）察合台之子。卽位於一千二百四十七年，卽淳和七年。

合剌旭烈復位，再卽位於一千二百五十二年，淳和十二年，蒙古憲宗二年。

（四）鄂爾干那可敦（Organah Khatun）哈剌旭烈之后。一千二百五十二年夬死，攝政在位八年。爲阿里不哥所廢，而立阿魯忽。名不見元史。

（五）阿魯忽（Algu）察合台之孫。卽位於一千二百六十年，卽元世祖中統元年。爲阿里不哥所立。中統三年，聞阿里不哥兵敗，乃歸世祖。阿里不哥討之不能勝。在位六年。

（六）謨拔來克沙（Mubarak Shah）卽位於一千二百六十六年，卽世祖至元三年。名不見元史。在位一年。

（七）八剌汗（Barak Khan）察合台之曾孫。即位於一千二百六十六年在位四年。

（八）尼克伯（Nikpai）即位於一千二百七十年，即至元七年。在位二年。名不見元史。

（九）托喀帖木耳（Tuka Timur）即位於一千二百七十二年，即至元九年。在位二年名不見元史。

（十）篤哇汗（Dua Khan）即位於一千二百七十四年，即至元十一年。爲海都所立。名不見元史世系表僅見於世祖本紀。

（十一）空朱克汗（Kunjuk Khan）即位於一千三百零六年；成宗大德十年。名不見元史。

（十二）塔里庫（Taliku）即位於一千三百零八年，即元武宗至大元年。名不見元史。

（十三）喀拔克汗（Kabak Khan）即位於一千三百零九年，即至大二年。名不見元史。

（十四）也先不花（Isan Bugha）即位於一千三百零九年，名不見元史爲叫之子。

喀拔克汗復位再即位於一千三百十八年，即元仁宗延祐五年。

（十五）亦爾濟克的（Ilchikadi）即位於一千三百二十一年，即元英宗圭治元年名不見元史。

（十六）篤來帖木耳（Dure Timur）即位於一千三百二十一年名不見元史世系表。

（十七）答兒麻失里（Tarmashirin）即位於一千三百二十二年，即至治二年。爲哇之子。在位八年。

察合台國至是時，分裂爲東西二國。西國都於撒馬兒罕，統轄阿母河以北諸地。東國統轄今新疆準部諸地。帖木兒時之回教著作家，稱東國爲蒙古里斯坦（Moghulistan）或哲太國（Jitteh）明史稱之爲別失八里。也先不花，篤來帖木兒及答兒麻失里三人，皆篤哇之子也。是時各據一方，不相統屬也。西國尤亂，諸王爭立，大權下落。國君皆爲臣下所擁立，稍不洽意，即可廢之。至一千三百七十年時，（明太祖洪武三年）帖木兒（Timur = Tamerlane）秉政，亂事始定。帖木兒者，蒙古八魯剌思部（Berulass）（名見元史卷一百七，第二號世系表有大小八魯剌思之別。唯喀朱里與葛忽剌急里怛及合產二名音不相近。洪鈞元史譯文證補太祖本紀上喀朱里譯作哈出里註即合產，洪氏之說或爲確也。）人也。初祖爲喀朱里（Kajuli）與葛不律寒（寒字即汗字之訛音。名見元史太祖本紀）（Kabul Khan）爲同胞兄弟。葛不律寒者，成吉斯汗之曾祖也。帖木兒第五世祖，哈喇察兒諾延（Karachar Noyen）爲成吉斯第二子察合台之軍馬大元帥，秉首相，初信回教。哈喇察兒之采邑碣石（Kesh）爲八魯剌思部人之根據地。帖木兒之父，名塔剌該。（Taragai）帖木兒以一千三百三十六年（元順帝後至元二年）三月十九日，生於碣石城附近之伊兒格爾村。（Ilgar）

一千三百六十三年時，（元順帝至正二十三年）從軍戰於賽笈斯坦（Seijistan）傷手足，遂跛，波斯語稱跛爲郎克，（lenk）人遂稱之爲帖木兒郎克，西方訛之帖木兒郎，（Tamerl-ane）略去尾音克字也。是時察合台國君長虛有其位，各部酋長置君如奕棋。帖木兒與其妹夫胡桑（Hussein）是時皆爲愛米爾。（amir）（大酋長之義）二人爭執國政。一千三百六十九年，（明太祖洪武二年）帖木兒大勝，殺胡桑。明年，帖木兒定都於撒馬兒罕。吾人最可注意者，即帖木兒終身未稱汗，兵威最盛時，亦僅稱愛米爾也。察合台汗仍存在，發令施政皆用其名義也。一千四百零二年，（明建文帝四年）帖木兒遠征小亞細亞土耳其時，算端摩哈美德汗（Sultan Mohammed Khan）卒，察合台西國乃亡。帖木兒於一千三百六十九年時，（洪武二年）娶察合台西國克桑算端汗（Kazan Sultan Khan）之女，賽雷麥爾克汗奴姆（Serai Mulk Khanum）爲后，生沙魯哈（Shah Rokh）等，故明史撒馬兒罕傳有『駙馬帖木兒』之稱也。帖木兒卒於一千四百零五年。（明永樂三年）善用兵，至今西人且列之與亞歷山德凱撒拿破倫並論，不獨善武，且又能文。兵事餘暇，輒取筆記自身之事，故至今尙有帖木兒自傳（Malfuzat-i-Timuri）流行於世。初爲察合台突厥文（Djagatai Turki）十七世紀時，阿布塔力伯胡桑尼（Abu Talib Husseini）譯之爲波斯文。一千八百三十年，前清道光十年斯底瓦特少佐（Major ch. Stewart）嘗自波斯文譯成英文數章。一千八百七十一年，前清同治十年哀略脫（Elliot）君著印度史（History of India）又自波斯文譯帖木兒征印度事蹟。

帖木兒子孫，君臨中央亞細亞，直至十六世紀初葉。明武宗之世月卽別人（Uzbegs）欽察汗之後裔昔班尼（Sheibani）自北方率兵逐帖木兒後裔，而據中央亞細亞。帖木兒後裔有算端巴伯兒（Sultan Baber）者，初據費爾干那省，（Ferghana）爲月卽別人所逐，後屢圖恢復，不能遂願，乃攻陷可不里城。（Kabul）一千五百二十年頃，明武宗正德十五年征服北印度，建莫臥兒朝代（Moghul Dynasty）爲全印度之皇帝。

（烺案巴伯兒亦文武全才，卒於一千五百三十年，即明世宗嘉靖九年也。有巴伯兒那美（Baber Nameh）之作，猶言巴伯兒史記也。記當時中央亞細亞及印度各國之事甚詳。今代有波斯文英文法文三種譯本，英文本乃自波斯文重譯，而法文本則自察合台突厥（Djagatai

Turki）原文譯成最爲佳譯）。至十九世紀初，英國人克印度始衰。一千八百五十七年，（前清咸豐七年）英人始廢莫臥兒皇帝全有印度光緒三年，立印度爲帝國，推英王兼印度皇帝以鎭懾諸王。

察合台東國始於也先不花。當帖木兒時，屢被兵革，幸得保存。明武宗正德時，月即別人昔班尼殺蒙古里斯坦之汗，而併其地，然極東吐魯蕃之汗，亦察合台後裔也，尙能保存獨立，至清初始亡。歸附於清。十四世紀之末，（明太祖之世）察台台後裔，有王於喀什噶爾者，直至十七世紀中葉清世祖時始亡。

阿母河以西諸地當成吉斯汗死後，爲諸子之公共產業，共同協議以治理之。（見 d'Ohsson, III. 104.）蒙哥大汗即位以後，遣其弟旭烈兀征波斯及入吉打城之哈里發（Calif）一千二百五十八年，（蒙古憲宗八年宋理宗寶祐六年）亞洲西南部悉爲蒙古人所征服。蒙哥大汗授旭烈兀以伊兒汗（Ilkhan）之稱號。封以波斯美索波太米亞（Mesopotamia）巴比倫亞美尼亞諸地東界察合台國以阿母阿爲界。据經世大典西北地圖觀之，兩國疆土，亦似以阿母河爲界也。多森蒙古史第四册有伊兒汗世系表，今取而與元史卷一百七，宗室世系表互參證焉。

（一）旭烈兀（Hulagu）拖雷第三子。一千二百五十八年，即元憲宗八年，受封爲伊兒汗。卒於一千二百六十五年，即元世祖至元二年也。建都塔伯利資城。

（二）阿八哈（Abaka）旭烈兀長子。即位於一千二百六十五年，即元世祖至元二年。卒於一千二百八十二年，即元世祖至元十九年。名見元史。

（三）阿合馬（Ahmad）旭烈兀少子。蒙古名台古塔爾（Tigudar）少時嘗受洗禮，爲基督教徒，名尼古拉斯（Nicolas）後信回教，改名阿合馬。兄阿八哈卒，徒黨甚衆，乃篡位，在位二年被殺。名不見元史。

（四）阿魯（Arghun）阿八哈長子。即位於一千二百八十四年，即元世祖至元二十一年，卒於一千二百九十一年，即至元二十八年，名見元史宗室世系表。卷一百三十四愛薛傳作阿魯渾，世祖本紀至元二十一年秋七月，賜阿魯渾等鈔。

（五）凱嘉圖汗（Kaikhatu Khan）阿八哈之子，阿魯之弟。即位於一千二百九十一年七月。至一千二百九十五年，即元成宗元貞元年三月，被殺。在位四年，名不見元史。

（六）貝杜（Baidu）旭烈兀之子，殺凱嘉圖自立。在位僅七月，至十月四日，爲其下所殺，名不見元史。

（七）合贊（Ghazan Khan）阿魯長子。即位於一千二百九十五年，即元成宗元貞元年，卒於一千三百零四年，即元成宗大德八年。名見元史，有靖遠王之稱號，元廷所賜者也。有才能，善用兵，勵精圖治，爲波斯賢主。

（八）鄂爾介都（Oljaitu）阿魯之子，合贊之弟，即位於一千三百零四年，卒於一千三百十六年，即元仁宗延佑三年。名不見元史。

（九）庫達班答（Khudabendeh）（合贊之弟，即位於一千三百零四年，卒於一千三百十三年。元史之合兒班答似即此人。）

（十）不賽因（Abu Said）有稱之爲不賽（Bussay）者，又有稱之爲班賽忒（Bonsaet）者，阿剌伯著作家有稱之爲不賽特（Busaid）者，教皇嘗致書與之，稱之爲博色忒汗。（Boyssethan）（庫達班答之子。即位於一千三百十七年，即元仁宗延佑四年，卒於一千三百三十五年，即元順帝後至元元年。元史宗室世系表不見此名。然各本紀中則屢見之。元史世系表所記，或爲伊兒汗之枝庶也。）

不賽因爲伊兒汗國之最後能君。死後尚傳五主，爲帖木兒所滅。五主在位時日，皆甚短促，昏庸不理國事，遂致分崩離析，各省獨立。呼羅珊（Khorassan）馬棨代蘭（Maganderan）法耳斯（Fars）等王，後皆爲帖木兒所滅。算端阿合馬哲雷爾（Sultan Ahmed Jelair）者，亦旭烈兀後裔。不賽因死後，其父自立於八吉打城，兼併阿錯貝將大省。（Azerbeidjan）自一千三百八十四年（明太祖洪武十七年）後，哲雷爾無年不與帖木兒爭戰，抗拒其師。一千四百十年時，（明成祖永樂八年）爲曲兒忒斯坦（Kurdistan）王，突厥馬（Turkoman）酋長，哈喇玉色甫（Kara Yusuf）所殺，國亦亡。

欽察汗建都於撒雷城。其境域在中央帝國（Middle Empire）即察合台國，以居諸國之中，故有是名。又有稱爲Country of Me'es者，亦中央帝國之義。之西，伊兒汗國之北。世系表如下：

（一）朮赤（Djuchi）成吉斯汗長子。卒於一千二百二十五年，即元太祖二十年，宋理宗寶慶元年。

（二）拔都（Batu）朮赤第二子。卒於一千二百五十五年，即蒙古憲宗五年。蒙古人征伐歐洲之各種軍略計畫，皆出自此人。愛恤士卒，不貪財。死後謚爲賽音汗（Sain Khan）美好之義也。蒙哥之得爲大汗，亦皆由其力。

（三）撒里答（Sartakh）拔都之子。卒於一千二百五十六年。名見元史。未即位而卒。

（四）烏拉齊（Ulagchi）拔都之子。在位數月。不見元史。

（五）伯忽汗（Barka）拔都之弟，朮赤第三子。即位於一千二百五十七年，即元憲宗七年。卒於一千二百六十五年，即元世祖至元二年。名見元史。

（六）忙哥帖木兒（Mangu Timur）拔都之孫。即位於一千二百六十五年，卒於一千二百八十年，名見元史。

（七）脫脫蒙哥（Tudai Mangu）拔都之孫。即位於一千二百八十年，即元世祖至元十七年。卒於一千二百八十七年，即至元二十四年。名見元史。

（八）吐拉不花（Tulabuga）拔都之曾孫。即位於一千二百八十七年，卒於一千二百九十一年。名不見元史。

（九）脫脫（Toktai）拔都曾孫，忙哥帖木兒之子。即位於一千二百九十一年，即元世祖至元二十八年。卒於一千三百十二年，即元仁宗皇慶元年。名見元史，封甯肅王。

（十）月祖伯（Uzbeg）俄國史稱之爲俄賚必亞克（Ozbiak）又有稱之爲油斯

拜克（Usbech）者。（忙哥帖木兒之孫，即位於一千三百十二年，即元仁宗皇慶元年，卒於一千三百四十二年，即元順帝至正二年。名見元史宗室世系表作月即別，而各本紀列傳皆作月思別也。在位三十年，國勢強盛。今中央亞細亞之月即別人，即用王之名以稱部族者也。）

（十一）扎尼別（Djanibeg）（月祖伯之子。即位於一千三百四十二年，即元順帝至正二年，卒於一千三百五十六年，即至正十六年。名見元史宗室世系表。）

以上諸名，元史宗室世系表及朮赤傳皆誤作拔都之弟，僅扎尼別一名，在月即別之下，爲確耳。拔都之弟甚多，回教著作家記有斡魯朵（Orda）（太宗本紀八年，以中原諸州民戶分賜諸王貴戚斡魯朵拔都。名見元史。）唐古忒（Tangut）（元史太宗本紀七年命唐古征高麗）昔班（Shiban）（元史速不台傳與諸王拔都吁里昔班等五道分進。）新庫兒（Shinkur）巴兒開（Barkai）（即伯忽汗）托喀帖木兒（Toka Timur）等。回教著作家記蒙哥大汗即位，拔都遣弟巴兒開及托喀帖木兒臨禮。元史憲宗本紀元年，辛亥夏六月，西方諸王，別兒哥脫哈帖木兒等，大會於闊帖兀阿蘭之地，共推帝即皇帝位於斡難河。必即一事也。

朮赤長子斡魯朵（Orda）自以才能不及二弟拔都，讓位與之，甘居陪臣之列。拔都亦優禮其兄，乃分國與之共治。故欽察汗國自建國之始，即分爲二部。斡魯朵

馬哥孛羅遊記導言　三二九

之國在東，俄國史稱之爲白黨汗。（White Horde）西部爲金黨汗。（Golden Horde）一千二百五十四年時，蒙古憲宗四年宋理宗寶祐二年。拔都營都城于撒雷（Sarai）蒙古語宮殿之義在窩爾加河下流。十三世紀下半，元世祖時代朮赤後裔有封在克里米亞（Crimea）者，後大强盛，直至十八世紀之末清高宗乾隆之末始亡。白黨汗及克里米亞汗常爭撒雷王位。互有勝負，勝者得之，負者退還。帖木兒時代，克里米亞汗托喀塔密須（Toktamish）者，居撒雷王位。終帖木兒之世無年不與之爭戰也。一千五百零二年，明孝宗弘治十五年克里米亞汗蒙里吉雷（Mengli Girai）者，滅金黨汗部衆四散，不復能國。俄國遂得興復同室操戈，授異族以坐大之機，此亦殷鑒也。一千四百三十九年，明英宗正統四年朮赤後裔烏魯摩哈美德（Ulugh Mohammed）者，建藩於古代布爾加利族（Bolgarian）舊壤，是爲喀桑汗國。（Khanate of Kazan）至一千五百五十二年，明世宗嘉靖三十一年經久鬥後，乃爲俄國所滅。

朮赤第五子，昔班（Sheiban）建藩於白黨汗之東。昔班第六代孫，阿伯爾克爾

(Abulkhair)者，生於一千四百十三年。（明成祖永樂十一年）至其時，國始強大。逐白黨汗而有其地，白黨汗率衆東奔蒙古里斯坦(Moghulistan)（即明史之別失八里）其汗優待之，封白黨汗以西鄙邊邑，在朱河(Chu R.)（唐書之碎葉川）之上。白黨汗部衆後裔，留於朱河附近者，後蕃衍，自號爲可薩克。(Kasaks) 清代官書稱之爲哈薩克人。徐松魏源皆以爲即元史之阿速部，可謂誤而又誤也。（俄國南方頓河流域之可薩克人，亦蒙古人之後裔，非即唐書之突厥可薩部。何秋濤朔方備乘、丁謙之耶律楚材西遊錄攷證皆誤也。丁謙又混誤可薩爲可弗叉，殊不知可弗叉即乞卜察克或欽察也。阿剌伯語無泊字(p)音，故阿剌伯著作家皆稱欽察爲可弗叉克(Kifchak)也。耶律楚材在西域時，必聞自回教徒之口，故有是名也。可薩部已久亡矣。參觀孛羅遊記卷四第二十四章附註。）阿伯爾克爾征服花剌子模及土耳其斯坦兩地。其子昔班尼(Sheibani)於十六世紀初葉，（明孝宗弘治末年）征服撒馬兒罕及阿母河北諸地。稍後，又征服呼羅珊。(Khorassan) 帖木兒子孫之在中央亞細亞者，悉爲所逐。阿伯爾克爾之徒衆，皆自稱月即別人，(Uzbegs) 取昔時欽察汗月卽別（又名月祖伯）之名，以名其部族也。月卽別人在中央亞細亞建立諸國，直至前清咸同之際，俄國人征服該地後，始亡。然如基華(Khiva)及布哈拉(Bokhara)之汗，實際雖亡，而名號則至今尚存也。

元憲宗時代，大汗威權，尚可稱爲神聖不可侵犯，諸王無敢違命者。憲宗崩，世祖卽位，先有阿里不哥（Aribuka）兄弟之鬩牆，（阿里不哥拖雷第四子，與憲宗世祖旭烈兀四人，皆怯烈后所生，）後有太宗孫海都等之抗命。蒙古大帝國實已分裂。世祖時，伊兒汗及欽察汗與中央政府感情最協。（元朝秘史中記征匈牙利班師至斡察時，貴由嘗與拔都抵牾。及貴由爲大汗，拔都不莅庫里爾泰大會議。貴由卽位後三年，率兵西行，拖雷孀婦疑其將攻拔都，故秘遣使告之，使爲之備。朮赤之妃，與拖雷之妃二人爲同胞姊妹，故拔都擁立蒙哥爲大汗也。）察合台汗則依附海都仇等敵國。前後用兵三十餘年，世祖始終以優容政策待之。海都死，其子察八兒及察合台汗篤哇乃歸降成宗。三藩遂復皆推戴中央大汗。實際則三藩皆以遠離中央，與獨立國無異。大汗無絲毫威權，可施及藩屬也。然與東方中央政府，並未完全脫離關係也。一千二百八十九年（元世祖至元二十九年）波斯汗阿魯大王（Argun）及一千三百零五年（元成宗大德九年）波斯汗鄂爾介都（Oldjaitu）致法國腓力美王（Philip the Fair）之國書二紙，至今尚存。國書所用之印，乃北京大汗所頒賜者。印文皆漢文篆字也。（見孛羅遊記卷四第十七章所附攝影。）伊兒汗所鑄之錢，其面文皆北京大汗之御名也。伊兒汗僅自署爲大汗之達魯花（daruga）（元史作達魯花赤，總督之義也。）而已。（見d'Ohsson, III.p.

四〇）當時中央政府與藩王之關係，亦可藉此略知一二也。

三藩在中國皆有食采分地。其路府州縣得薦其私人以爲監。秩祿受命如王官，而不得以歲月通選。調其賦，則五戶出絲一斤。不得私徵之，皆輸諸有司之府，視所當得之數，而給與之。其歲賜，則銀幣各有差。始定於太宗八年「七月詔以眞定民戶，奉太后湯沐。中原諸州民戶，分賜諸王貴戚。斡魯朶（Orda）拔都（Batu）平陽府，茶合帶（Chagatai）（即察合台）太原府。……耶律楚材言非便，遂命各位止設達魯花赤，朝廷置官吏，收其租頒之，非奉詔，不得徵兵賦」（見元史卷二太宗本紀）。憲宗時增之。及世祖平江南，又各益以民戶，所以明親親之義，而實亦羈縻之政策也。三藩每歲所應得之數如下：

朮赤大王位，　歲賜段三百疋，常課段一千疋。　五戶絲，丙申年，（蒙古太宗八年）分撥平陽四萬一千三百二戶。戊戌年，（太宗十年）眞定晉州一萬戶。　江南戶鈔，至元十八年，分撥永州六萬戶，計鈔二千四百錠。

察合台大王位，歲賜銀一百錠，段三百疋，綿六百二十五斤，常課金六錠六兩。五戶絲，丙申年，分撥太原四萬七千三百三十戶。戊戌年，眞定深州一萬戶。延祐六年，實有一萬七千二百一十一戶，計絲六千八百三十八斤。江南戶鈔，至元十八年，分撥灃州路六萬七千三百三十戶，計鈔二千六百九十三錠。

旭烈兀大王位，歲賜銀一百錠，段三百疋。五戶絲，丁巳年，（元憲宗七年）分撥彰德路二萬五千五十六戶。延祐六年，實有二千九百二十九戶，計絲二千二百一斤。

（以上見元史卷九十五歲賜篇）

西北三藩與北京中央政府之關係，吾人詳查元史及回教著作家之記載，復有數條，亦可籍以明晰當時之情况也。

波斯史家瓦薩甫記波斯二次遣使至中國，多森蒙古史嘗轉錄之如下：「一千二百九十八年，（元成宗大德二年）合贊汗遣使者勉力莫柴姆法克爾愛丁阿合馬特（Melik Mo'azzam Fakhr-eddin Ahmed）及博開伊爾濟（Bocai Ilchi）二人往東方大汗之廷，獻珍珠等異珍，虎豹等獸。合贊給使者重金，俾在中國購買物品。……

……抵大都（Taidu）後，大汗命給波斯汗以旭烈兀離東後四十餘年所積之歲賜，優待諸使，居大都四年而歸。」（見d'Ohsson, IV. 320.）

元史成宗本紀「大德八年，秋，七月，癸亥，諸王合贊自西域遣使來貢珍物。」似即瓦薩甫所記之使節，唯略遲數年而已。合贊即位於成宗元貞年，崩於大德八年也。一千三百零六年，大德十年 北京總主教約翰孟德高維奴（John of Montecorvino）有書信一通，致教皇者，今尚存在。書中言前已有函交合贊汗（Kathan Cham）之使人，帶送可薩利亞（Gazaria）之牧師僧人。孟德高維奴所言合贊汗之使者，必即元史大德八年之使節也。

瓦薩甫記波斯第二次使節至大汗廷者，於一千三百十二年，元仁宗皇慶元年 離波斯。「大汗阿裕爾巴里巴特喇（Ayur bali batra）元史作愛育黎拔力八達，即仁宗也 即位後，仁宗以前一年正月即位 遣使者阿稚基丞相（Ayadji Chinksank）及代甫雷弋沙（Devlet Shah）二人持國書至波，斯」。一千三百十二年二月，抵八吉打城遞呈國書於鄂爾介都算端（Sultan Oldjaitu）書辭溫和。鄂爾介都亦遣使報之，幷命使者取累年所積歲賜。』（見d'Ohsson II，535）

不賽因即位後，遣往東方大汗使節尤多。據元史所載，幾於無年無之。而大汗報禮之使，亦甚多也。泰定元年，『諸王不賽因言其臣出班有功，請官之。以出班爲開府，儀同三司，翊國公，給銀印金符。』文宗至順二年八月，『中書樞密臣言西域諸王不賽因其臣怯列木丁（Khudja Kamareddin?）矯王命來朝，不賽因遣使來言，請執以歸。臣等議宗藩之國，行人往來，執以付之不可，宜令乘驛歸國，以自辨。制可。』

元史仁宗本紀皇慶元年，『二月，庚午，西北諸王也先不花遣使貢珠寶，皮幣，馬，駝。賜鈔一萬三千六百錠。』二年，『春正月，壬午，西北諸王也先不花進馬，駝，璞玉。』也先不花必卽回教著作家所記篤哇汗（Dua）之子也先不花（Isan Bugha）卽位於一千三百零九年（元武宗至大二年）者也。仁宗延祐二年，『正月，庚午，諸王脫

[illegible]七千五百錠給之』此[illegible]

[illegible]著作家之 Dure timur 也。文宗至順二年，『八月，壬子，西域[illegible]

[illegible]祖先。

此可以知宗王襲位須皇[illegible]

蒙古史亦載篤來帖木兒之後，爲答兒麻失里（Tarma shirin）也。

元史卷一百十七，朮赤傳『至元二年，（順帝後至元）月郎別遣使來求分地歲賜，以賑給軍站。京師元無所領，府治三年。中書請置總管府，給正三品印。至大元年，月郎別薨，（此爲明時修元史者之譯誤。月祖伯薨於至正二年，非至大元年。修史者必誤以至元二年爲世祖之至元故也。）子扎尼別嗣。其位下舊賜平陽晉州永州分地，歲賦中統鈔二千四百錠。自至元五年己卯歲（順帝後至元）始給之』。據此條觀之，諸藩之軍站，當時亦必歸中央所轄也。仁宗本紀『延祐元年，四月，壬辰，諸王脫脫薨，以月思別襲位。』

參觀洪鈞元史譯文證補卷四朮赤傳考證。

定價貳圓

著者　張星烺

發行所　中國地學會
北京和門外後海北河沿

印刷所　中華印刷局
北京前門外楊梅竹斜街
電話南局一六七三號